AF582405

NOTICE HISTORIQUE

SUR

LES CHEVALIERS

DU NOBLE JEU DE L'ARQUEBUSE

DE LA VILLE DE POLIGNY

Par M. B. PROST

ARCHIVISTE DU DÉPARTEMENT DU JURA

(Extrait du Bulletin de la Société d'agriculture, sciences et arts de Poligny).

POLIGNY

IMPRIMERIE DE G. MARESCHAL

1872

NOTICE HISTORIQUE

SUR

LES CHEVALIERS

DU NOBLE JEU DE L'ARQUEBUSE

DE LA VILLE DE POLIGNY

Par M. B. PROST

ARCHIVISTE DU DÉPARTEMENT DU JURA

(Extrait du Bulletin de la Société d'agriculture, sciences et arts de Poligny).

POLIGNY

IMPRIMERIE DE G. MARESCHAL

1872

NOTICE HISTORIQUE

SUR

LES CHEVALIERS DU NOBLE JEU DE L'ARQUEBUSE

DE LA VILLE DE POLIGNY

Si l'histoire générale a le privilège d'offrir un vif attrait à tout esprit sérieux, les monographies, dans leur cadre restreint, peuvent bien revendiquer une large part d'intérêt historique. Les institutions religieuses, administratives et judiciaires d'un pays; les mœurs, les usages, les croyances des générations passées; la marche de la civilisation chez un peuple; les progrès des sciences, des lettres, des arts, du commerce, de l'industrie et de l'agriculture; les annales d'une province, d'une ville, et, en resserrant encore le sujet, celles d'une confrérie, d'une corporation, valent bien, ce me semble, la relation toujours partiale et passionnée des faits et gestes des rois, le récit des guerres et des calamités de toute nature, si nombreuses dans l'existence d'une nation, le continuel spectacle du despotisme, des intrigues et de l'ambition des uns, de la corruption, de la bassesse et de l'infamie des autres.

Le sujet que nous abordons aujourd'hui forme un chapitre inedit et non des moins curieux de l'histoire de notre ville.

Les compagnies de *canonniers*, de *couleuvriniers*, et surtout *d'archers*, *d'arbalétriers* et *d'arquebusiers*, organisées en si grand nombre dans les villes de France, aux siècles derniers, tirent en général leur origine des milices bourgeoises.

La création des milices bourgeoises date de l'époque mémorable de l'affranchissement des communes. En possession d'une indépendance longtemps désirée, fruit de constants efforts, d'énergiques revendications et souvent de luttes sanglantes; en possession d'une autonomie absolue, la cité nouvellement affranchie et abandonnée à elle-même, sentait tout d'abord le besoin de se créer une force armée qui la protégeât en cas de danger. Les bourgeois se réunissaient, s'habituaient au maniement des armes et formaient d'ordinaire des espèces de compagnies, de corporations libres, à la fois civiles et militaires, qui, par la suite, constituées régulièrement pour la garde de la ville, furent chargées de sa défense et tenues d'aller, si besoin était, se ranger sous les drapeaux du souverain de la province.

La formation de cette force armée fut surtout nécessaire au XIVe et au XVe siècle, époque à jamais funeste pour la France. Durant cette sombre période, les *Routiers*, les *Écorcheurs*, les *Tard-venus*, les *Malandrins*, les *Brabançons*, les *Cotteraux*, les *Grandes-compagnies*, vil ramassis de mercenaires de toutes nations, servant tour-à-tour, indistinctement, Français, Espagnols, Bourguignons et Anglais, ravagèrent nos provinces dans tous les sens et presque sans interruption, mettant tout à feu et à sang, laissant sur leur passage des exemples inouïs de monstrueuses atrocités. Les bourgeois avaient assez à faire de défendre leur « commune » contre les incursions et les attaques fréquentes de ces hordes dévastatrices; il leur fallait à chaque instant, et souvent à l'improviste, repousser l'ennemi de leurs murs, sauvegarder leur famille et leur foyer. Ils se montrèrent dignes d'un rôle si patriotique, et en maintes circonstances firent preuve d'un rare courage. On les vit aider les rois de France dans plus d'une entreprise. Ainsi, Charles VII, occupé à chasser les derniers Anglais de son royaume miraculeusement reconquis, reçut un efficace secours des arquebusiers de Châlons-s.-Marne. Pour les récompenser, il autorisa leur formation en compagnie, et leur accorda d'assez importants privilèges, par lettres-patentes du 17 octobre 1437 (1).

L'utilité et la composition de ces milices bourgeoises assurèrent leur existence; elles se perpétuèrent dans les villes de commune et de bourgeoisie, lorsque la paix, l'ordre et la tranquilité furent un peu rétablies dans le royaume, et que les grandes compagnies eurent cessé leurs affreuses dévastations. Mais elles se

(1) Sellier, *Notice historique sur la compagnie du noble jeu de l'arc ou des arquebusiers de la ville de Châlons-sur-Marne.* — Châlons, Laurent, 1857, in-8°, pp. 5-7.

relâchèrent insensiblement de leur régularité, de leur discipline; et bientôt, perdant de vue le but de leur institution, elles se transformèrent en compagnies civiles, qui ne cherchèrent dans leurs réunions qu'une occasion de réjouissances et de plaisirs. La noblesse et la haute bourgeoisie qui d'abord avaient regardé comme indigne d'entrer dans ces corporations essentiellement, sinon exclusivement roturières, tinrent bientôt à honneur d'en faire partie, et par la suite trouvèrent même le moyen d'en exclure le menu peuple et les petits bourgeois. Les compagnies d'archers et d'arbalétriers, presque partout restèrent modestes, il est vrai (1), mais celles d'arquebusiers, sous le titre de « Chevaleries du noble jeu de l'arquebuse, » devinrent des sociétés fastueuses, ayant des réunions, des exercices, des fêtes, des statuts, des dignitaires, un étendard, une décoration, un uniforme; tirant l'oiseau une ou plusieurs fois chaque année; se réunissant fréquemment, tantôt dans une ville, tantôt dans l'autre, pour tirer ensemble un *prix d'honneur* et donner de brillantes fêtes à cette occasion (2).

Toutes ces compagnies eurent leur époque d'éclat et de splendeur au XVIe et au XVIIe siècle. Au XVIIIe, on entrevoit leur décadence et on se met à les tourner en ridicule ; on les compare aux confréries burlesques de la *Bazoche*, de la *Mère Folle*, des *Fous*, des *Cornards*, du *Père Fol*, de la *Sottie*, etc. En 1778, Piron persilla si cruellement une fête organisée à Beaune par les Chevaliers de l'arquebuse, que ceux-ci, furieux, faillirent le mettre en pièces.

Un décret de l'Assemblée nationale du 12 juin 1790 réunit à

(1) Par suite de l'invention des armes à feu, l'arc et l'arbalète étaient considérés, dès la fin du XIVe siècle, comme armes roturières et laissés aux « vilains. » De là le peu d'extension, le manque d'éclat des compagnies d'archers et d'arbalétriers, réservées, en général, à la basse bourgeoisie et au peuple.

(2) Voir : A. Janvier, *Notice sur les anciennes corporations d'archers, d'arbalétriers, de coulevriniers et d'arquebusiers des villes de Picardie.* Amiens, 1855, in-8°; — V. Fouque, *Recherches historiques sur les corporations des archers, des arbalétriers et des arquebusiers*. Châlon-sur-Saône et Paris, 1852, in-8°; — (Courtépée) *Relation du grand prix rendu à Beaune, en août* 1778... Dijon, Causse, 1779, in-8°; — Voir également l'ouvrage cité plus haut, de Sellier.

la garde nationale les compagnies d'archers et d'arquebusiers existant encore. Ainsi dissoutes, elles ne se relevèrent pas, et dans les localités où elles avaient été le plus florissantes, on fut longtemps avant de songer à les rétablir.

Depuis quelques années, nous avons enfin compris que nous étions en retard sur nos aïeux, comme sur nos voisins de Suisse et de Belgique. Bon nombre de villes ont déjà régulièrement organisé des sociétés de tir qui vont faire revivre les Chevaliers de l'arquebuse et continuer leurs traditions. Espérons que Poligny suivra cet exemple. Aujourd'hui, nous pensons intéresser les amateurs de notre histoire locale, en ravivant le souvenir des *Chevaliers du noble jeu de l'arquebuse*, en retraçant les annales d'une compagnie, dont les réunions, les exercices et les joyeuses fêtes donnèrent jadis à notre ville une vie, une animation perdues depuis le siècle dernier.

La Bourgogne comptait seize compagnies d'arquebusiers : celles de Dijon, d'Autun, de Beaune, de Châlons-sur-Saône, de Nuits, de Saint-Jean-de-Losne, de Semur, d'Avallon, de Châtillon-sur-Seine, de Seurre, de Saulieu, de Louhans, de Nolay, de Chagny, de Mâcon et de Tournus (1). Dans la partie de la Franche-Comté qui forme aujourd'hui le Jura, il en existait à Lons-le-Saunier (2), à Dole (3), à Poligny (4), à Salins (5), à Arbois (6), à Saint-Claude, à Orgelet, à Bletterans (7) et à Saint-Amour (8).

A Poligny, comme presque partout ailleurs et spécialement

(1) V. Fouque, ouvrage cité, p. 123.

(2) A. Rousset, *Dictionnaire géographique, historique et statistique des communes de la Franche-Comté ; département du Jura*. Besançon, Bintot ; Lons-le-Saunier, Robert, 1853-1858, 6 vol. in-8°; t. III, pp. 622-623.

(3) A. Rousset, *Diction. historique du départ. du Jura*, t. II, pp. 563-564.

(4) A. Rousset, *Dictionnaire du Jura*, t. V, pp. 284-285. — Fr. F. Chevalier, *Mémoires historiques sur la ville et seigneurie de Poligny*. Lons-le-Saunier, P. Delhorme, 1767-1769, 2 vol. in-4°, t. I, pp. 248-250.

(5) A. Rousset, *Dictionnaire historique du Jura*, t. VI, pp. 542-544.

(6) Emm. Bousson de Mairet, *Annales historiques et chronologiques de la ville d'Arbois*. Arbois, Dole, 1856, in-8°, pp. 184, 286, 351-52, etc.

(7) A. Rousset, *Dictionnaire du Jura*, t. I, p. 253.

(8) A. Rousset, *Dictionnaire du Jura*, t. I, p. 24.

comme dans toutes les villes du Comté de Bourgogne, les Chevaliers du noble jeu de l'arquebuse semblent descendre directement des milices bourgeoises dont nous avons parlé. En l'an 1330, on voit organisée dans notre ville une nombreuse compagnie d'*arberets* (arbalétriers), dont le lieu d'exercices, appelé la « butte aux archers, » près du champ de foire actuel, est mentionné dès l'année 1347 (1). Selon toute apparence, cette compagnie subsista sans éclat jusqu'au moment où elle fut autorisée en règle et pour ainsi dire constituée par l'archiduchesse Marguerite d'Autriche, gouvernante des Pays-Bas et souveraine du Comté de Bourgogne. Ses lettres-patentes du 8 avril 1518 (nouveau style) permirent aux bourgeois de Poligny *de tirer chacun an un papegay (2) à l'arc et à l'arbaleste*. Celui qui obtenait le prix à cet exercice devait être exempt pendant une année entière de dîmes, cens, « toises de maison (3), quatorzaines (4), » impositions et subsides (5). Ce fut là, croyons-nous, l'origine, la date de formation de la compagnie d'archers et d'arbalétriers, existant à Poligny au XVIe siècle. Cette compagnie n'a malheureusement laissé aucun souvenir, aucune trace. A la fin du XVIe siècle ou au commencement du XVIIe, elle fut dissoute sans réclamations ni difficultés, ou réunie aux Chevaliers de l'arquebuse. Un des rares documents qui fasse foi de son existence est une pièce de 1553, où il est dit que le « roy des arbarestiers (ou : arbattiers), archiers et archebuttiers » jouit de l'exemption des dîmes, charges

(1) A. Rousset, *Dictionnaire du Jura*, t. V, p. 205 et 284.

(2) Le *papegai*, *papegay*, ou *papegault*, était un oiseau de bois ou de carton, déployant les ailes, fixé à l'extrémité d'un mât pour servir de but aux tireurs.

(3) Contribution répondant à l'impôt que l'on paye aujourd'hui pour les portes et fenêtres.

(4) Dîme sur les vins, fixée d'abord au quatorzième de la récolte, puis à quatorze deniers par muid de vin.

(5) Lettres-patentes de l'archiduchesse Marguerite, datées de Malines, le 8 avril 1518 (n. st.) : Inventaire des archives de Poligny, fait en 1720, aux archives de cette ville, coté I, 3, ms. in-4°, f. 21 v°. — C'est à Marguerite d'Autriche que l'on doit l'origine de la plupart des compagnies d'archers et d'arbalétriers de la province, en général dissoutes dans la suite ou réunies à celles d'arquebusiers.

et obligations pesant sur les habitants de la ville, durant toute l'année qu'il est en possession de la « royauté » (1).

Voilà toute leur histoire épuisée en quelques lignes. Les Chevaliers de l'arquebuse eurent une existence plus longue et des annales plus importantes. Leur compagnie fut sinon créée, du moins organisée par l'empereur Charles-Quint, en l'an 1538. « Plusieurs habitans de Poligny, est-il dit dans les lettres-patentes de ce prince, du 3 décembre 1538, s'estoient adonnés à tirer au jeu d'arbalestres et arcs, mais pour ce que présentement l'arquebuse est plus exercitée et semble plus convenable pour le métier de la guerre et deffense de la ville et du chastel, la plupart desdis habitans se sont fournis par les derniers bruits de guerre et journellement se usitent à en tirer, pour en après lui en faire service. » Après avoir pris avis des officiers du baillage, des gens des comptes, du trésorier-général et des commis des finances, Charles-Quint autorisa cet exercice, et concéda au roi des arquebusiers les mêmes privilèges et exemptions que l'archiduchesse Marguerite d'Autriche avait précédemment accordés au roi des archers et arbalétriers (2).

Autorisés à se réunir, jouissant d'une organisation régulière, en possession d'importantes prérogatives, les bourgeois se formèrent en compagnie et rédigèrent des statuts, par malheur perdus aujourd'hui.

Dès sa création, le corps des arquebusiers de Poligny fut, comme partout ailleurs, soumis directement à l'autorité municipale, au « magistrat » de la ville. En outre, ils relevaient de l'intendant et du gouverneur militaire de la province. Pour dignitaires ils avaient un roi annuel, un capitaine et divers officiers qu'ils nommaient eux-mêmes avec l'approbation de l'autorité

(1) « Reconnaissance des droits seigneuriaux et des domaines appartenant à l'empereur, duc et comte de Bourgogne, en sa baronie et seigneurie de Poligny. » Original de 1553, copie de l'an 1773, coté A, 33, aux archives de Poligny.

(2) Lettres-patentes de Charles-Quint, datées de Bruxelles, le 3 décembre 1538; Inventaire des archives de Poligny, fait en 1720, aux archives de cette ville, coté I, 3, f. 21; — Chevalier, *Histoire de Poligny*, t. I, p. 249; — A. Rousset, *Dictionnaire du Jura*, t. V, p. 284.

supérieure. Tous les membres portaient le nom de chevalier. Le « receveur » chargé de l'administration des revenus, frais et dépenses de la compagnie, devait, chaque année, rendre ses comptes.

Il semble que jusque vers le milieu du XVIIe siècle le jeu de l'arquebuse ait été à peu près public. A partir seulement de cette époque, il devint exclusivement réservé à l'aristocratie. C'est en 1648 que, pour la première fois, les chevaliers se qualifient de « Chevaliers du noble jeu de l'arquebuse, » titre qu'ils gardèrent depuis et dont ils se montrèrent, à tort ou à raison, fort jaloux.

Chaque année, entre le 15 avril et le 15 juin, ils tiraient le papegai. A l'avance, ils adressaient une supplique au Conseil pour obtenir à la fois la permission de « planter l'oiseau » et la « licence » d'avoir, pendant l'année courante, leurs réunions et leurs exercices ordinaires. Le magistrat ne s'y refusait jamais, seulement il stipulait parfois quelques conditions, quelques réserves ; et depuis le XVIIe siècle, on le voit toujours exiger des chevaliers une autorisation préalable, soit de l'intendant, soit du gouverneur militaire du Comté de Bourgogne.

Le jour du tir de l'oiseau une fois fixé, la compagnie s'entendait avec l'autorité municipale pour préparer la fête et lui donner tout l'éclat, toute la pompe possible. C'était une réjouissance publique (1).

(1) Le Parlement de la province ne paraît pas avoir toujours vu ces joyeuses fêtes d'un œil bien favorable. Ne pouvant les empêcher dans les villes, il les prohiba dans les localités moins importantes. A diverses fois, pour éviter le retour de graves désordres, il publia des édits très-sévères relativement aux fêtes patronales. Voici, entre autres, l'édit du 18 janvier 1601, renouvelé le 23 mai 1619 : « Pour obvier aux battures, outrages et homicides qui se commettent aux jours des festes des patrons des villes et villages de ce pays, icelle cour interdit et défend à tous de porter armes offensives le jour et au lieu où se font telles festes, à peine de dix livres pour la première fois, de vingt pour la seconde, et pour la troisième d'en estre punis au corps. » (Pétremand, *Recueil des anciennes ordonnances et édits de la Franche-Comté*. Dole, Ant. Dominique, 1619, in-fol., p. 287.)— Autre édit du 5 février 1646, renouvelé le 20 décembre 1662 : « Les querelles, meurtres et autres offenses de Dieu qui naissent par les dances, jeux et assemblées qui se font aux jours des festes des patrons des villages, ont donné sujet

Le tir de l'oiseau se faisait solennellement en présence de toute la ville et d'un grand nombre d'étrangers, attirés souvent de loin par la magnificence des jeux. Tous les chevaliers en grand uniforme se rendaient en corps, accompagnés du vicomte-mayeur, des échevins et des notables de la ville au lieu habituel des exercices. Le vicomte-mayeur tirait un premier coup pour le roi, un second en son propre nom. Tiraient ensuite le roi de la compagnie, le capitaine, les officiers, puis chaque chevalier à son tour, par ordre d'ancienneté. Tout se passait dans le plus grand ordre et une surveillance sévère empêchait les abus. Il était défendu expressément de charger son arquebuse de plus d'une balle et d'employer plus que la dose fixée de poudre (1).

Celui qui abattait l'oiseau était, sous le nom de « roi de l'arquebuse, » de « roi de l'oiseau, » proclamé en grande pompe roi du jeu pour toute l'année, et jouissait pendant cette année d'importants privilèges. Ils lui étaient acquis sa vie durant, avec le titre d'empereur, s'il remportait le prix trois années consécutives (2). Ces privilèges, dus à la libéralité de Charles-Quint, consistaient en certains droits honorifiques et surtout dans l'exemption des tailles, aides, impositions, subsides, guet, garde, logement des gens de guerre, corvées, etc. A la mort d'un *empereur*,

d'interdire, ainsi qu'il est deffendu par les présentes, de, ausdits jours de festes, non plus que pendant huict jours précédens et les huict immédiatement suivant, faire ausdits villages, dances, jeux et assemblées publiques, et à tous de s'y trouver, à peine de cinquante livres sur les communautez qui les souffriront et de dix livres sur les particuliers, de quelque condition et qualité qu'ils soient, qui entreront ou composeront lesdites assemblées, dances et jeux, et de plus d'estre encor punis arbitrairement, si le cas et les circonstances le requièrent. » (Jobelot) *Suite du recueil des édits et ordonnances de la Franche-Comté de Bourgogne* (de Pétremand). Lyon, Ant. Jullieron, 1664, in-fol., p. 2.

(1) En l'année 1626, la ville d'Arbois intenta un procès à Claude Coiteux, accusé d'avoir *frauduleusement abattu l'oiseau au moyen d'une forte charge de son arquebuse*. L'affaire fut portée au Parlement, qui ne crut pas à propos de la juger et mit les parties hors de cour. Voir les *Annales historiques de la ville d'Arbois*, par M. Bousson de Mairet, p. 286.

(2) Dans certaines villes, celui qui abattait l'oiseau deux années de suite était « connétable. » A Poligny, il n'y eut jamais que des « rois » et des « empereurs. »

sa veuve jouissait des mêmes immunités tout le temps de son veuvage. La veuve d'un *roi* n'avait ces privilèges que pour le reste de l'année.

L'historien de notre ville, Chevalier, nous fournit en quelques lignes une idée de la fête donnée chaque année par la compagnie de l'arquebuse, à l'occasion du tir de l'oiseau. Voici en quoi elle consistait de son temps, c'est-à-dire en l'an 1767, date de l'impression de son ouvrage : « Le second dimanche du mois de mai auquel on tire l'oiseau étoit un jour de réjouissance publique. Pendant que le nouveau roi reçoit les compliments de félicitation de tous les honnêtes gens présents, on porte son chapeau à la dame ou à la demoiselle qu'il paroit estimer le plus, pour qu'elle l'orne d'une couronne : on la forme légère avec un entrelas de myrte, de fils de perles et de quelques diamants. Après que le roi a été reconduit chez lui, tous les chevaliers, montés sur des chevaux équipés le plus magnifiquement qu'il est possible, retournent le prendre pour le montrer dans une cavalcade où l'on jettoit au peuple pour répondre à ses acclamations une partie des confitures et des dragées qui étoient présentées par tous ceux qui avoient un état dans la ville ou qui jouissoient d'une fortune honnête. Cet ancien usage, abrogé depuis quelques années, a éteint le bruyant de la fête (1). »

A Dole, le roi était couronné de fleurs, et, à la tête de la compagnie, parcourait la ville en grande pompe. Le cortége ne manquait pas de faire en silence le tour du monument élevé à la mémoire des braves dolois morts d'une manière si héroïque pour leur patrie, lors du siége de 1479 (2).

Indépendamment de l'oiseau tiré d'ordinaire entre le 15 avril et le 15 juin, un second *prix* avait lieu parfois pour la Saint-Hippolyte, fête patronale de la ville (13 août) (3). De plus, les che-

(1) *Histoire de Poligny*, t. I, p. 250.

(2) De Persan, *Recherches historiques sur la ville de Dole*. Dole, Joly, 1812, in-8°, p. 163.

(3) A Arbois, on tirait trois prix par année au moins à partir du XVIIe siècle. En 1655, le Conseil, « considérant que le noble jeu de l'arquebuse, très-ancien dans la ville et très-utile à la jeunesse, en ce qu'il lui apprend à manier les armes, arrête qu'il sera trois fois par an distribué des prix

valiers organisaient assez fréquemment un « tir d'honneur, » auquel ils invitaient toutes les compagnies du Comté et des provinces voisines.

Le lieu de leurs exercices a varié selon les époques. Ce fut d'abord « la butte aux archers, » puis on choisit divers autres emplacements, et longtemps on tira l'oiseau sur une des grosses tours de l'enceinte murale de la ville (tour de la Place, des Jacobins ou de l'Horloge), encore parfaitement conservée aujourd'hui. En dernier lieu, on adopta le Champ-d'Orain; les chevaliers y établirent définitivement leur jeu et y tinrent leurs réunions. Jusqu'alors, chaque année, l'autorité municipale déterminait la place où aurait lieu « le jeu de l'arquebuse. » Ainsi, une délibération du Conseil, en date du 7 juin 1541, décide que « l'on fera le jeux de l'arquebute outre la vigne de Girard » (1).

Les jours d'exercices, de réunions, de cérémonies publiques et de fêtes, tous les membres de la compagnie portaient l'uniforme. « Cet uniforme, dit Chevalier, est d'une belle étoffe bleu de roi, assorti de trente cartouches d'or; le chapeau est un castor sans bord, orné d'un plumet blanc » (2).

Outre le *prix,* le roi recevait une croix d'or qu'il portait à la

aux vainqueurs. » V. les *Annales de la ville d'Arbois,* par Bousson de Mairet, pp. 351-352.

(1) Registre des délibérations municipales de la ville de Poligny, aux archives de cette ville, coté B, I, f. 20 v°. Toutes les fois que dans la suite de notre travail nous citerons ces registres, nous indiquerons seulement leur n° d'ordre dans les archives de Poligny.

(2) Le costume des Chevaliers de l'arquebuse de Dole, se composait dans le principe « d'une veste en drap d'écarlate, d'une culotte ventre de biche, brodée en argent, et d'un chapeau bordé de même. Depuis 1738, il se composa d'un habit rouge de camelot, d'une veste de toile jaune, d'une culotte de calamandre rouge, le tout à boutons d'argent; d'un chapeau orné d'une rosette blanche et galonné d'argent. » A. Rousset, *Dictionnaire historique du Jura,* t. II, p. 564. — A Lons-le-Saunier, l'uniforme était : habit, veste et culotte écarlate avec brandebourgs en or et boutons d'or ornés de deux arquebuses en sautoir; bas de soie blancs, boucles d'argent aux souliers et à la jarretière de la culotte; chapeau tricorne, bordé d'hermine, avec cocarde blanche et plumet rouge; épée avec garde en or. V. Rousset, *Dictionnaire du Jura,* t. III, p. 632.

boutonnière de son uniforme. Dans le principe, c'était la ville qui, chaque année, donnait cette croix au vainqueur; mais depuis le milieu du XVIIIe siècle, « on a voulu que la ville s'épargnât cette dépense et les chevaliers l'ont prise sur eux. » (Chevalier, *Histoire de Poligny*, t. I, pp. 249-250). La croix, dont la forme offrait beaucoup d'analogie avec celle de saint Louis, était aux armes de la ville et représentait au revers un aigle éployé se jouant de la foudre.

L'étendard de la Chevalerie était d'un côté en damas cramoisi aux armes et devises de Poligny; de l'autre, en damas aurore, avec un aigle aux serres armées de la foudre et la devise assez bien choisie : *Sunt fulmina ludus*. Le tout était relevé en broderies d'or et d'argent (1). Cet étendart appartenant à la fois à la ville et aux arquebusiers, le droit de le garder fut au XVIIIe siècle, comme nous le verrons plus loin, la source de contestations, de difficultés fort vives de part et d'autre.

Le vicomte-mayeur de Poligny était en principe le chef honoraire des Chevaliers. Quand au XVIIIe siècle il voulut revendiquer cette dignité, la joindre à ses fonctions publiques, à ses attributions administratives; quand il voulut transformer le droit en fait, il rencontra une opposition aussi formelle que constante, et les Chevaliers repoussèrent une pareille prétention comme attentatoire à la pleine et entière liberté dont leur compagnie jouissait de temps immémorial. Ils n'offraient, au premier magistrat de la ville, l'honneur de les présider et de marcher à leur tête, que quand bon leur semblait ou qu'ils avaient quelque motif d'agir ainsi. Ce n'était là pour eux qu'une simple et pure politesse faite à tel ou tel mayeur en particulier, et non l'accomplissement convenu d'un usage obligatoire.

Un droit qui, semble-t-il, ne put jamais être contesté au magistrat, consistait à exercer une sorte de haute surveillance sur la Société, à envoyer un ou plusieurs délégués, choisis dans le Conseil, assister à toutes les réunions, à tous les exercices de la chevalerie. En possession indiscutable de ce droit, l'autorité municipale le laissa souvent rester à l'état théorique. Il lui suffisait de le

(1) Chevalier, *Histoire de Poligny*, t. I, p. 250.

voir bien établi, bien reconnu, pour ne pas songer à l'exercer. Si on lui eût contesté cette prérogative, elle l'aurait certainement réclamée à grands cris pour en user avec rigueur.

Chaque membre fournissait à son tour le prix annuel, consistant d'ordinaire en de la vaisselle d'or ou d'argent, ou bien en un objet d'art. Le même jour, il donnait un banquet à ses confrères.

Quand les Chevaliers allaient tirer l'oiseau dans les villes voisines, ils se faisaient un point d'amour-propre de représenter dignement leur cité, et par leur bonne tenue et par leur adresse. Lorsque venait leur tour de rendre le prix, à l'éclat ordinaire de la fête, ils s'efforçaient de joindre le plus grand faste et la plus somptueuse magnificence.

Ils assistaient en corps à toutes les cérémonies religieuses et fêtes civiles de Poligny, et ne manquaient jamais, à l'occasion, de faire avec générosité et courtoisie les honneurs de leur ville.

La tradition a parfaitement conservé jusqu'à nos jours le souvenir des Chevaliers du noble jeu de l'arquebuse. On montre encore, au Champ-d'Orain, le lieu de leurs exercices, l'emplacement de leur jeu. Aux derniers temps, nous devons le constater, ils étaient loin de jouir d'une grande popularité : fiers, jaloux et orgueilleux, ils ne se recrutaient jamais que dans les hauts rangs de la société polinoise, ne s'abaissant jamais à admettre parmi eux l'humble bourgeois, l'excluant même du tir de l'oiseau, et professant un souverain mépris pour le commun du peuple. Arrivèrent après une longue attente les grands évènements de notre glorieuse révolution de 1789, réaction terrible, mais juste, contre des abus de plusieurs siècles, et des excès sans nom. Quand la compagnie des arquebusiers de Poligny fut dissoute, — sa réunion à la garde nationale fut en effet une réelle dissolution, — pas une voix ne s'éleva en sa faveur. Son temps et son éclat étaient passés. Corps privé de vie, vrai cadavre, elle termina son existence comme si elle fut morte de vieillesse, de décrépitude, sans provoquer ni réclamations sur le moment, ni regrets dans la suite.

Créée ou organisée en 1538, la compagnie des Chevaliers du noble jeu de l'arquebuse de Poligny, n'a pour ainsi dire pas d'annales jusqu'à la fin du XVIe siècle. De 1544 à 1581, les registres de délibérations municipales, nos documents ordinaires, sont muets sur cette Société à son début. On ne peut néanmoins douter de son existence, bien constatée d'autre part. Ainsi, le 25 juillet 1581, messire Claude Chevalier, de Poligny, chanoine de l'église collégiale de Saint-Hippolyte, en qualité de tuteur de ses neveux Jean et Anatoile Chevalier, vend pour la somme de soixante francs « à messieurs (les) mayeur, eschevins, jurés, conseil, manans et habitans de ladite ville et communaulté dudit Poligny, les deux tiers d'environ deux journaulx de terre sis et situez ou territoire dudit Poligny, lieudit en la rue ès Coulons, au bas de Champaigne, touchant la *butte aux archiers* et le sepmetière des pestiféreulx naguères construict, pour en icelle place faire et dresser ung *jeue d'arquebouse que demeurera publiq pour icelle et tous habitant résidant audit Poligny* » (1). Comme on le voit, le jeu d'arquebuse, le tir de l'oiseau étaient alors publics et non pas, comme plus tard, réservés exclusivement à la noblesse et à l'élite de la bourgeoisie.

L'invasion des troupes françaises et lorraines d'Henri IV en Franche-Comté, l'occupation de cette province mise pendant près d'une année à feu et à sang (2), interrompirent quelque temps les réunions habituelles des arquebusiers. Il n'est fait d'eux aucune mention dans les documents de cette époque. On a pourtant tout lieu de penser qu'ils firent bravement leur devoir, comme milice bourgeoise, pendant cette période de calamités et de malheurs.

Il faut aller jusqu'en 1606 pour retrouver la trace d'existence

(1) Archives de Poligny. Pièce cotée D, 26.

(2) V. *Journal de Jean de Grivel, contenant ce qui s'est passé dans le Comté de Bourgogne pendant l'invasion française et lorraine de l'année* 1595, publié par A. Chereau. Lons-le-Saunier, Gauthier frères, 1865, in-8°; (Dom. Grappin) *Mémoires historiques sur les guerres du* XVIe *siècle dans le Comté de Bourgogne*. Besançon, 1788, in-8°; — Voir aussi A. Rousset, *Dictionnaire historique du département du Jura*. t. III. pp. 556-560; t. V, pp. 211-213. etc., etc., la *Notice* de M. Ern. Cottez *sur le siége de la ville de Poligny*, par Henri IV. dans le *Bulletin de la Société* de cette ville, année 1862.

de notre *compagnie*. Le 25 janvier de cette année, Jean Coilloz, de Poligny, vendit « aux sieurs mayeur et eschevins, manans et habitans de ladite ville, » pour le prix de deux cents francs, une pièce de terre chargée de plusieurs cens, « séant au territoire dudit Poligny, appelé ès grands vergiers d'Aurain, contenant en plein environ deux journaulx, outre ce qu'est en montagne, ce qui est ensemble des arbres y estans » (1). Cet emplacement devint dès lors le lieu de réunions et d'exercices des arquebusiers. Il était on ne peut mieux choisi; seulement il fut bientôt insuffisant, et on dut songer à l'agrandir. La ville tenta d'abord d'acquérir à l'amiable les propriétés avoisinantes; mais elle ne put y réussir. Les frères Claude, Dominique, Jean et Denis Euvrard, avaient au Champ-d'Orain environ un journal et demi de terre, qui, touchant le jeu de l'arquebuse, se trouvait directement sous des carrières exploitées alors. Ils se plaignaient souvent au mayeur et aux échevins des dégâts causés dans leur propriété par la chute des déblais provenant de l'extraction de la pierre. Plusieurs fois la ville leur offrit de traiter avec eux et de leur acheter ce terrain qu'elle désirait donner aux arquebusiers. Ce fut en vain. Force fut alors d'employer les mesures de rigueur, de recourir à ce moyen extrême, dont on usa et abusa tellement dans la suite, sous le nom et le prétexte d'expropriation pour cause d'utilité publique. Le 11 mars de l'année 1616, le procureur de la ville et les frères Euvrard comparurent devant Étienne Masson, lieutenant-général, au siége de Poligny, du bailli d'Aval. Le procureur de la ville exposa « que de temps immémorial les habitans de la ville avoient selon l'occurence du temps passé tous exercices, tant au jeu de l'arquebuse, celuy de l'arbaleste, arc, que autres licites et honnestes, en certains vergiers proches les sources des fontaines d'Orain, que vulgairement l'on nomme champ Chevry ou champ Doré; » que les frères Euvrard ayant là environ un journal et demi de terre, le magistrat les avait priés de vendre à la ville ce terrain, « affin que lesdits exercices y fussent continuez et que les habitans de ladite ville heussent plus facile moyen de les y prendre lorsque bon leur

(1) Archives de Poligny. Pièce cotée D, 27.

sembleroit, » et en outre, pour « donner commodité aux révérends pères capucins faire lever, prendre et distraire la pierre qui leur seroit nécessaire pour la fabrique du couvent qu'ils avoient commencé » à Poligny. Sur la déclaration bien constatée que l'autorité municipale n'avait pu « mouvoir ny incliner » la partie deffenderesse à faire cette vente, le lieutenant du bailli, en vertu des pouvoirs à lui délégués et commis, condamna les frères Euvrard à vendre à la ville le terrain en question, « moyennant ung pris raisonnable, selon l'extimacion qu'en seroit faicte par gens de bien à ce cougnoissans. » En exécution du jugement, expertise fut faite, et le terrain cédé à la ville moyennant 250 francs (1).

Le 27 mai de l'année suivante (1617), les sieurs Renaudot, échevin, et Baudin, conseiller, députés par le Conseil municipal, rachetèrent, au moyen d'échanges, de Simon Dart, doyen de l'église de Saint-Hippolyte, seigneur et prieur de Saint-Martin-sous-Beaumont, et de Guynet Chevalier, chapelain et familier en la même église, plusieurs redevances assises sur les immeubles dont la ville avait précédemment fait l'acquisition pour agrandir le Champ-d'Orain. Dès lors, ce lieu est « destiné pour la commodité publique des habitans dudit Poligny, (à) l'exercice des jeux de l'arquebuse, arc et arbaleste » (2).

En 1622, les Chevaliers étant allés tirer l'oiseau à Dole, le Conseil, par délibération du 29 août, leur accorda, à cette occasion, la somme de 40 francs pour les indemniser d'une partie de leurs frais (3).

C'est en 1628 que, pour la première fois, on voit tirer à Poligny un *prix d'honneur*. Aimant le luxe et le faste, la compagnie des arquebusiers, aidée du généreux concours du magistrat, se fit un devoir de donner à cette fête tout l'éclat, toute la pompe usités ailleurs en pareille occurrence. On commença par envoyer des lettres de convocation à toutes les villes du Comté et du Duché de Bourgogne; puis on organisa les préparatifs du tir. Le

(1) Archives de Poligny, D, 27.

(2) Archives de Poligny, ibid.

(3) Registre des délibérations du Conseil : B. 12, f. 120.

Conseil en prit à sa charge une partie. Sur la motion « que pendant les jours que l'on tirera ledit pris, il estoit expédient pour la bienséance envoyer des collations aux logis (des compagnies d'arquebusiers) des villes, » il fut donné commission « aux sieurs mayeur et échevins d'y pourveoir et les marchander, si faire se peult. » L'un des échevins, le sieur Étienne Jacquemet, fut chargé de « poser le canon ès lieux qu'il verra nécessaire pour tirer à l'arrivée des villes, et chascune d'icelles, quatre coups ; » les sieurs Doroz, échevin, et Moine, conseiller, « durent prier madame de Tallemet de prêter ses pièces pour s'en servir pour ledit pris. » Les habitants du Treux se virent « commandés à la courvée, » pour faire les réparations nécessaires au Champ-d'Orain ; et enfin un des échevins, Antoine Jault, fut envoyé à Salins pour « s'informer du sieur de Montmarlon, mayeur dudit lieu au temps que l'on y feit un pris solempnel, si Son Excellance (1) fut invitée à s'i treuver, de la part de la ville, ou par messieurs dudit pris » (2).

On devait tirer solennellement l'oiseau le 13 août, jour de la Saint-Hippolyte, fête patronale de la ville, et tous les préparatifs étaient presque terminés, quand il fut résolu que le prix serait remis à une époque ultérieure. Au Conseil du 17 juillet, le vicomte-mayeur Renaudot exposa « que à rayson de la disette des grains et grande cherté régnant à présent, il n'y avoit apparance de tirer le pris que l'on debvoit rendre en ladite ville, le jour de feste Monseigneur saint Ypolite prochain, audit jour, d'aultant mesmes que l'on seroit au plus fort des moissons qui estoient retardées par le moyen des continuelles pluyes et de la saison qui estoit divertie, oultre que l'on n'auroit moyen de traitter les estrangers, tant pour la rarité des vivres que pour ce que la majeur part des habitans de la ville seroient lors empeschez en leurs moissons et aultres affaires particulières ; d'ailleurs que l'on avoit heu advertissement que le danger de peste estoit en quelques villes du Duché, et qu'il estoit à craindre que quelques-uns des-

(1) Le gouverneur militaire de la province.
(2) Délibérations des 8 juin, 7 et 17 juillet 1628, B, 14, ff. 2 v°, 8 et 9.

dits lieux ne se glissassent parmy les compagnies, ce qui causeroit un très-grand mal à la ville » (1). Ces diverses considérations décidèrent unanimement le Conseil à retarder le prix jusqu'au mois de septembre.

Quelque motivée qu'elle fût, une semblable décision ne laissa pas de donner lieu à de fâcheux commentaires, à des propos blessants pour le magistrat et surtout pour le mayeur. Ce dernier réunit le dimanche suivant (23 juillet) les échevins, les conseillers et tous les notables de la ville, en conseil extraordinaire; il y prit la parole et déclara « qu'il avoit esté contrainct (de) convoquer lesdits sieurs, d'autant qu'il avoit aprins que Désiré Marchant (l'un des notables) avoit dict en présence de divers particuliers et mesmes ce jourd'huy, en hault du bourg de ladite ville, que messieurs du magistrat ne vouloient permettre que l'on tirât le pris le jour de feste monseigneur saint Ypolitte prochain, pour ce qu'ilz craignoient de supporter les fraiz de son Exélance Monseigneur le conte de Champlitte; que plustôt il les supporteroit luy-mesme avec ses consors et qu'il yeroit treuver sadite Exélance pour le luy faire entendre; — et jaçoit que le contraire soit véritable, d'aultant que messieurs dudit conseil, à meure délibération, avoient différé la traitte dudit pris pour la grande disette que l'on avoit en ladite ville de toutes sortes de graines et de vivres, qu'il seroit impossible de traitter ny faire bonne chère aux estrangers qui viendroient en ladite ville, tant pour tirer audit pris que pour y passer le temps et y faire les réjouyssances que l'on avoit accoustumé faire en telz cas; d'aultant mesmes que audit temps de saint Ypolitte ce serat le plus fort des moissons et par conséquant, tous les habitans de ladite ville et aultres qui debvroient venir tirer audit pris, seront empeschez, chascun en particulier. » Interpellant alors le sieur Marchant, présent a l'Assemblée, le mayeur le somma « de déclarer si à la vérité il avoit dict que si messieurs, pour la traitte du pris, craignoient les fraiz de son Exélance, les messieurs du pris les supporteroient plustôt; que son Exélance lui avoit donné permission de le faire tirer et qu'il yeroit treuver sadite Exélance pour en avoir nouvelle per-

(1) Délibération du 17 juillet, B, 14, f. 9.

mission.... Lequel sur ce a déclaré n'avoir dict aultres paroles et qu'il ne pensoit avoir offensé personne. » Cet incident terminé, le Conseil déclara à l'unanimité qu'on avait eu raison de retarder le jour du prix; puis il fixa ce jour au dimanche 24 septembre et manda aux Chevaliers d'en instruire dans le plus bref délai les compagnies précédemment invitées (1). Le secrétaire de la mairie fut chargé de ce soin et reçut « deux francs pour ses peines d'avoir escript plusieurs lettres pour envoyer aux villes de ce pays et du duché, pour faire sçavoir que le pris que l'on debvoit rendre, en ce lieu au jour de feste monseigneur saint Ypolitte prochain, avoit esté retardé à meure délibération de conseil jusques au dimanche vingt-quatrième de septembre de ceste année » (2).

Le corps des arquebusiers continua à témoigner son mécontentement d'une façon ostensible. Le lendemain même de sa comparution au conseil, Désiré Marchant, roi ou capitaine du jeu, se signala encore par ses invectives contre le conseil. Il fut rapporté au magistrat, dans sa réunion extraordinaire du 24 juillet « que Désiré Marchant, en desdeing de ce que on luy représenta en conseil, avoit de rechef profféré d'aultres paroles contre le magistrat et affiché un placard ou hault du bourg dudit Poligny, par lequel il y avoit quelques paroles pehu (peu) civiles et hors du respect qu'il leur debvoit. » Sur ce rapport, il fut décidé « que le procureur scindicque le feroit citter extraordinairement par devant monsieur le mayeur, pour recongnoistre l'escripture apposée audit placard, et ce fait, incister à une amande arbitraire, et que ledit placard seroit rompu publicquement ou lieu où il avoit esté affiché, au vehu et conspect d'un chaicun » (3).

Dès lors il fut bien décidé que le prix auroit lieu le 24 septembre, et on recommença tous les préparatifs faits antérieurement. Les arquebusiers de Châlons, ayant par lettre demandé au conseil si on leur permettrait de venir prendre part au tir, « pour y avoir heu il y at quelque temps du soubçon ou danger de peste en une maison seule (de leur ville), et que dès lors par le moyen

(1) Délib. du 23 juillet, B, 14, f. 10.
(2) Délib. du 28 juillet, B, 14, f. 12 v°.
(3) Délib. du 24 juillet, B, 14, f. 11.

du bon ordre que l'on y avoit donné, il n'y estoit survenu aulcune chose bien grave, » on leur répondit « que en tant il ne surviende quelque chose d'advantage audit lieu de Châlon, l'on permettra l'entrée de la ville ausdits sieurs arquebusiers appourtant déhue attestation des sieurs du magistrat d'illec » (1).

Les Chevaliers et l'autorité municipale, complètement réconciliés, s'occupèrent de nouveau à organiser la fête. On chargea le mayeur et les échevins de pourvoir à tout ce qui leur semblait nécessaire pour donner au « prix » le plus de solennité possible. Deux des conseillers, les sieurs Chevalier et Mauffans, furent chargés « de faire recherche de quelcun qui veulle convenir pour les banquetz que l'on désire envoyer aux logis des arquebusiers qui arriveront au pris, de mesmes pour fournir les linges qui seront à ce nécessaires, comme aussi la vacelle. Les sieurs mayeur et eschevins pourvoyront pour le vin qui sera de besoing envoyer auxdits sieurs. Pour lesquelz banquetz et pour chaicun d'iceulx fauldra un plat de biscuyt, un plat de macaron, deux platz de poyres, deux de cerneaulx, une tartre et deux pains, chaicun d'un carrolus (2). Pour présenter lesdits banquetz, l'on at commis

(1) Délib. du 24 juillet, B, 14, f. 11.

(2) Le carolus de Bourgogne et le carolus de Besançon valaient indifféremment, en 1588 et en 1622, dix deniers tournois; en 1639, un sol ou douze deniers tournois. V. (Dom. Grappin.) *Recherches sur les anciennes monnoies du Comté de Bourgogne, avec quelques observations sur les poids et mesures autrefois en usage dans la même province*. Paris, Besançon, 1782, in-8°, pp. 191, 199 et 202. — Il est curieux de rapprocher de ce passage la description des banquets qu'au XVIe siècle, les deux prieurs de la Confrérie du Saint-Esprit de Poligny devaient annuellement donner aux « confrères. » Voici quelques extraits : « Premièrement, lesdits prieurs ont de coustume de faire tuer ung bon bœufz gras, dont la monstre se faict la veille du jour de Panthecoste, et se tue ledit jour pour en faire service ausdits confrères et ès clercz suigans les escoles de ce lieu de Poligny, de la manière suigant :

« Item, ont de coustume lesdits prieurs de faire tuer quatre mottons, trois veaulx, selon le nombre des confrères, ou plus ou moings, sans avoir aultres bestes, fors de couchon, pour faire de la gelée. Desquelles bestes se font le service de la manière suigant, asscavoir, au disné du jour de feste de Pantecoste, pour le premier metz, donnant des fois de veaul à la poudre de duc, tousjours ung plat pour quatre personnes.

les sieurs Philippe Chevalier, Mauffans, Moine et Maigrot (tous les quatre conseillers). Ledit Philippe Chevalier tiendra la main pour faire rabiller les tambours (1). Lesdits sieurs mayeur et eschevins recongnoistront, s'il leur plaict, où se poseront les canons et pourvoyront à la munition d'iceulx pour saluer les sieurs capitaines des villes qui arriveront audit prix » (2).

« Item plus, audit disné se donnent à chascun ung goubelet en valeur d'ung liard, la pièce de beufz et de motton bolies et avec la saulce jaulne, et du ris et du fromaige à la fin du repas, et se font le service du vin venant des rentes et redebvances d'icelle confrérie.

« Item, au soppé lesdits confrères doibvent avoir les pieds de motton à l'égret, l'oichepot de veaulx et l'espaule de mouton et ung plat à la saulce verde et le fromaige seullement.....

« Item, le lundy au soir, au souppé, doivent (lesdits prieurs) servir la salade, les choz aux gras, une pièce de beufz et une de motton à la moustarde, la gellée et les tartres, tousjours quatre à ung plat.

« Item, aussy la veille de Pantecoste se doibt faire la collation ausdits confrères, de pain, de congnarde et de vin seullement, et se doibvent mettre deux arbres de chasne devant la porte de la confrérie.

« Item, sont et seront les vénérables doyain, chappellains et familiers de l'église collégial sainct Ypolite dudit Poligny atout (avec) les croix et conferon vestuz de leur superlis, (invités à) venir à la salle de ladite confrérie en chantant *Veni Creator*, et eulx estant en ladite salle doibvent faire dire par les coriaulx *Emitte spiritum tuum et renovabuntur*, et les *Oremus* du jour, quant lesdits prieurs et confrères feront les repas de ladite confrérie.

« Item, à tous les repas que se font en ladite confrérie, lesdits sieurs de l'église doibvent faire le semblable, et d'avantaige, le curez ou vicaire dudit Poligny doibt lire en la Bible paudant le disnez, et au millieu de chascun desdits repas, les coreaulx doibvent chanter ledit *Veni Creator*, et lesdits sieurs de l'église le respondent en table, et à la fin de table, doibvent dire en hault des grandes grâces avec *Miserere mei Deus*, *De profundis*, avec les collectes et oraisons pour les trespassez. »

Extraits des « statuts et usages de la Confrérie du Saint-Esprit de Poligny, observés de temps immémorial, confirmés et renouvelés en 1523. » Archives de l'hôpital de Poligny, II, 22. — Voir la description des mêmes banquets de cette confrérie en 1588, dans le *Dictionnaire historique du Jura* de M. Rousset, t. V, p. 244-245.

(1) Ils étaient au nombre de quatre. Au conseil du 12 juillet précédent il avait été « délibéré que l'on feroit des habis aux trois sergens pour le jour saint Ypolitte prochain, excepté les manteaulx. » B, 14, f. 9.

(2) Délib. du 4 septembre, B, 14, f. 17.

Le 24 septembre, on tira l'oiseau en grande pompe, en présence de toute la ville et d'une énorme affluence d'étrangers venus de toutes parts. Malheureusement nous n'avons aucune description de cette fête; les registres des délibérations municipales qui nous ont fourni des détails si curieux sur ses préparatifs, gardent le silence le plus absolu sur la manière dont elle se passa. Déplorons une semblable lacune que malgré nos recherches il nous a été impossible de combler (1).

Chaque année les Chevaliers continuèrent à se livrer à leurs exercices habituels, à tirer l'oiseau à la fin d'avril ou au commencement de mai. Ils ne manquaient pas, après le *prix*, de demander au Conseil, pour le vainqueur, un *présent* décerné au nom de la ville et l'exemption des charges dont le roi du jeu jouissait de temps immémorial. Le magistrat ne reconnut pas toujours ces prétentions. Ainsi, en date du 2 mai 1635, on lit la délibération suivante du conseil : « Sur requeste des Chevaliers et Arquebusiers du jeu de l'arquebouze, soubsignée de Pelerin, Masson, Bobillier, C. Frenard, Denys Reverchon, Claude Quarrez, Claude Fontenne, Roygnard, A. Louysot, J. Pelerin et Pelerin, » on a accordé « à celluy qui abbatra l'oyseaul de l'arquebuse en la présente année, pour ceste fois et sans le tirer à conséquance la somme de vingt frans, pour ayder aux frais qu'il luy convendra supporter et à la réparation dudit jeulx, et le tout sans advouher les franchises prétandues et mentionnées en ladite requeste » (2).

En 1648, après une interruption dans leurs exercices et une lacune dans leurs annales, dues l'une et l'autre aux évènements

(1) Un fait intéressant à noter est l'existence, à cette époque, de treize confréries à Poligny. C'étaient celles du Très-Saint-Sacrement, de Notre-Dame-du-Mont-Carmel, du Sanctissime-Crucifix, de Saint-Yves, de Saint-Séverin, de Saint-Terme, de Saint-Crespin, de Saint-Antoine, ou des Bons-Hommes, de Saint-Sébastien, de Notre-Dame-du-Chapelet (tailleurs), de Saint-Joseph, de Notre-Dame-de-Pitié (tisserands) et de Saint-Jacques. Voir : B, 14, f. 7.

(2) Délib. du 2 mai 1635, B, 16, f. 30 v°. — A cette époque on voit en Franche Comté les milices de la province former des compagnies d'arquebusiers à cheval. En 1634, M. de Visemal, seigneur de Frontenay, était « cappitaine des arquebusiers à cheval de la milice du bailliage d'Aval, » Délib. municipales, B, 16, f. 4 v°, 6 v°.

calamiteux de la guerre de Dix-Ans, les arquebusiers de Poligny se qualifient pour la première fois de *Chevaliers du noble jeu de l'arquebuse.* Depuis, ils gardèrent ce titre et s'en montrèrent toujours jaloux. C'est aussi, selon toute apparence, à partir de la même époque, que cette compagnie devint exclusivement réservée à l'aristocratie et à l'élite des bourgeois. Le peuple en fut exclus, et même on ne l'admit plus à tirer l'oiseau. C'était là lui faire cruellement sentir la distance de caste conservée jusqu'en 89 entre le riche et le pauvre, entre le noble et le roturier.

Les privilèges et immunités du « Roi de l'arquebuse » tombaient déjà en désuétude, au moins par moment, malgré les réclamations vives, réitérées des Chevaliers. En 1648, « Jean-Baptiste Boissard, roy du noble jeu de l'arquebuse, en la présente année, » ayant présenté un placet au conseil, pour se faire exempter « de tous gestz, impos et autres subsides qui se font en ladite ville, » prérogative dont « ses devantiers ont tousjours jouy, » disait-il, il lui fut répondu « que privilégiez et non privilégiez contribueroient à la closture des murailles de la ville, ainsi qu'à la couverture et réparation de l'église, » que par conséquent on ne pouvait l'affranchir de cette charge (1).

Le 6 mai 1650, les Frères Prêcheurs autorisèrent la Compagnie à se servir de leur tour pour tirer l'oiseau (2).

Quand les Chevaliers allaient au dehors prendre part à un prix, il était d'usage que la ville leur allouât une certaine somme, à titre d'indemnité. Ainsi, en 1656, sur la demande « des roy, capitaine et chevaliers du noble jeu de l'arquebuse, » le conseil leur accorda « la somme de cens frans pour aller tirer à un prix de vaisselle d'argent à Beaune, où ils ont esté invitez, à charge néantmoins qu'ilz seront au moins huict tireurs pour composer corps, qui se déclareront, avant que de sortir, pardevant le sieur mayeur » (3).

Peu à peu les Chevaliers augmentèrent leurs exigences, poussèrent plus loin leurs prétentions. Ils en vinrent jusqu'à empê-

(1) Délib. du 29 avril 1648, B, 18, f. 25 v°.

(2) A. Rousset, *Dictionnaire historique du département du Jura*, t. V, p. 285.

(3) Délib. du 31 mai 1656, B, 23, f. 21.

cher de tirer à l'arquebuse ailleurs que dans leur jeu. L'autorité municipale, sanctionnant une prérogative aussi exorbitante, aussi vexatoire pour le peuple, publia un édit condamnant à soixante sous d'amende, à partager entre la ville et la chevalerie, « ceux qui jouent au jeu de l'arquebuse » (1). On ne s'étonnera pas que le conseil ait cédé sans difficulté à une pareille prétention quand on saura que d'ordinaire il était en grande partie composé de membres de la Compagnie.

D'après un ancien usage, le magistrat pouvait assister en corps ou au moins se faire représenter à toutes les réunions du jeu. Ainsi, le 22 avril 1665, il commit les « sieurs mayeur et eschevins pour assister à l'élection que les roy, capitaine et chevaliers du noble jeu de l'arquebuse désirent faire de leurs officiers » le dimanche suivant (2).

Au tir qui eut lieu le 9 mai 1666, le vicomte-mayeur Gabriel Renaudot abattit l'oiseau de son premier coup, tiré comme d'habitude, pour le roi (3). Le jour même, le conseil se réunit en as-

(1) Délib. du 30 juillet 1664, B, I, f. 160. — Cette même année on voit le conseil autoriser exceptionnellement les gardes-vignes à porter « des arquebuses ou fusils. » (Délib. du 30 septembre 1664, B, I, f. 167.) — Le port d'armes était sévèrement prohibé en Franche-Comté. A diverses fois, et toujours sous des peines fort graves, le Parlement interdit à ceux qui n'en avaient pas le droit, de « porter haquebutes (arquebuses) ou pistolets, dagues ou poignards, certains petits pistolets que l'on nomme communément bidets ou mouchoirs, fusils, petites dagues ou poignards quarrez appelez stilets, grands cousteaux, etc., etc. » Édits du Parlement du 7 septembre 1552, du 2 avril 1557, du 20 décembre 1596, renouvelés le 20 décembre 1599, du 7 septembre 1600, du 14 janvier 1613, du 19 décembre 1626, du 28 janvier 1658. Voir : Pétremand, *Recueil des anciennes ordonnances et édits de la Franche-Comté*, p. 220, 221, 315, 316; (Jobelot) *Suite de ce recueil*, p. 60.

(2) Délib. du 22 avril 1665, B, I, f. 187 v°.

(3) C'est également ce qui arriva à Dole en 1629. Le vicomte-mayeur Claude de Chaillot, abattit l'oiseau du coup qu'il tirait au nom du roi. La ville crut devoir en informer Philippe IV, qui lui adressa cette réponse : « Le roi, duc et comte de Bourgongne. — Chers et bien amez, ce nous a esté contentement d'entendre ce que vous nous signifiez par la vostre du 7 may dernier, de vous estre réussi en conformité de vos souhaits (ce que n'estoit arrivé de mémoire des vivans dans nostre ville de Dole), que selon la coustume y observée de temps immémorial d'y tirer de l'arquebuse au papegay,

semblée extraordinaire, afin de décider « de quelle solemnité l'on se serviroit pour contribuer à luy faire les honneurs qui luy estoient déhus à ce subject. » On décida que les deux échevins qui se trouvaient alors à Poligny, les sieurs Pierre Toupelin et Jean Chesneau, accompagnés des avocats P. Lévesque et Cl.-H. Monnoyeur, conseillers, iraient lui présenter les félicitations et les compliments du magistrat. En outre il fut résolu « que touttes les dixaines de la ville seroient commandées pour se rendre aux hasles d'icelle, où leur seroit distribuée de la pouldre pour la parade à faire au circuit de ladite ville, à la suitte dudit roy, et ce à chacun d'iceux un quarteron; et que l'on envoyeroit audit sieur mayeur les vins d'honneur au double de l'ordinaire et en oultre des confitures jusques à dix libvres. » Le conseiller Jean Simonin fit « achapt de 30 libvres de pouldre au feurg de 16 gros la libvre, tant au logis de Richard Aubry que de maistre Jacques Brestalins, et de 8 libvres au feurg de 20 solz auprès d'un mercier estranger, revenant le tout à 48 frans, et 6 gros, pour quattre caiets de papier, dont on auroit fait les cornets pour distribuer les pouldres. » Il acheta encore « une boette de confitures pesant

tous les premiers jours de may, y ayant eu, celui l'an présent, tiré en nostre nom le premier coup, le mayeur de nostredite ville auroit eu si bon rencontre que de l'emporter avec de tels applaudissements des bourgeois et solennités de resjouissances, que les estrangers voisins ont eu sujet d'admirer vostre affection vers nous, nous sommes tant satisfaits de celle que tout temps avez portée à nos ancestres et à nous portez pareillement, que ne doutons nullement du tesmoignage qu'en aurez donné en ceste occasion. Vous pourrez aussi estre asseuré qu'en faisons telle estime que de raison, et pour maintenant en faire quelque démonstration, nous remettons l'effet de nostre intention à la sérénissime infante, nostre bonne tante, la priant que lorsqu'elle vous fera encheminer la présente nostre, vous soit jointement remis ce qu'elle aura ordonné pour une marque de mémoire. A tant, chers et bien amez, Nostre Seigneur vous ait en sa sainte garde. — De Madrit, le quinze septembre mille six cent vingt-neuf. — Signé : Philippe; et plus bas : Joseph de Britto. » (Dunod, *Mémoires pour servir à l'histoire du Comté de Bourgogne*. Besançon, 1740, in-4°, p. 576-577; de Persan, *Recherches historiques sur la ville de Dole*, p. 163-165.) — L'infante Isabelle accorda aux arquebusiers une somme de 2,000 livres qui fut consacrée à construire un bâtiment pour leurs réunions. V. Rousset, *Dictionnaire du Jura*, t. II, p. 564.

4 libvres 3/4, desquelles estant levée 1/2 libvre pour la pesanteur de la boette, reste 4 libvres et 1/4, au feurg de 21 gros la libvre, que reviennent à 7 frans et 5 gros et un blan; et quatre libvres de dragées, en valeur de 6 frans, ne s'en estant treuvé davantage en ladite ville. » Enfin, il fut dépensé « 3 frans pour 12 pintes de vin d'honneur » envoyé au sieur Renaudot (1).

On ne s'en tint pas là. A la fois encouragés et stimulés par l'exemple de la royale gratification accordée à la ville de Dole à l'occasion du même fait, les habitants de Poligny résolurent de présenter une requête au marquis de Castel-Rodrigo, gouverneur-général des Pays-Bas et du Comté de Bourgogne, au nom du roi d'Espagne, pour « qu'il luy plût considérer le coup duquel auroit esté abbattu l'oiseaulx de la ville de Poligny par le sieur mayeur, tirant celluy au nom de Sa Majesté, et ensuite ouctroyer à ladite ville franchise et exemption de touttes charges par elle déhues à Sadite Majesté, pour autant de temps qu'il luy plairoit, et en oultre vouloir ordonner qu'ils seront assistez des deniers royaux pour les réparations des bresches et ruines de ladite ville » (2). Une pareille requête, une demande de privilèges si importants, avait besoin, on le conçoit, d'être appuyée en haut lieu. L'autorité municipale prit ses mesures en conséquence et s'adressa au marquis de Conflans, au sieur Moréal, au prieur de Sirod, au seigneur de Frontenay et à quelques autres personnes jouissant d'influence ou de crédit, pour recommander la requête et lui rendre propice le marquis de Castel-Rodrigo (3). Malgré ces diverses recommandations et les démarches actives du magistrat, on ne voit pas que Poligny ait obtenu une réponse favorable. Il faut l'avouer, le moment était mal choisi; le marquis de Castel-Rodrigo avait des préoccupations d'une tout autre gravité. L'imminence d'une guerre entre le roi de France et la couronne d'Espagne, des pourparlers nombreux, des préparatifs de défense, lui laissaient peu le temps de songer à la requête des arquebusiers de Poligny. Il s'agissait de la conservation ou de la perte de plusieurs provinces : l'enjeu était assez considérable, l'intérêt

(1) Délib. du 9 mai 1666, B, I, f. 228.
(2) Délib. du 20 mai 1666, B, I, f. 229.
(3) Délib. du 26 mai et du 26 juillet, B, I, f. 230 et 235 v°.

assez majeur pour occuper toute l'attention et mériter tous les soins du Gouverneur des Pays-Bas et de la Franche-Comté.

La guerre éclata enfin, désastreuse pour notre province qui se vit honteusement vendue, lâchement livrée au « grand Roi. » Durant ces funestes évènements, les Chevaliers ne firent preuve ni de courage ni de vertus civiques. L'approche du danger, la présence du péril, loin de les animer et de stimuler leur patriotisme, les glacèrent de terreur. Nobles et hauts bourgeois eurent tous hâte de se dissoudre et d'abandonner des armes trop pesantes pour leurs mains aristocratiques. De 1666 à 1668, on ne les voit ni coopérer à l'organisation de la défense, ni même tenir leurs réunions accoutumées. Ils les reprirent en 1669, après cette interruption ignominieuse. Cette année, le roi de l'arquebuse, Michel Digenois, conseiller, étant allé de vie à trépas, sa veuve, Jeanne Biétrix, profita de ses immunités pour l'année courante, et comme impositions ne paya que 12 francs au lieu de 22 (1).

En 1670, on tira le prix, comme d'habitude, au commencement du mois de mai, et ce fut le secrétaire de la mairie, nommé Chevalier, qui abattit l'oiseau. Le Conseil lui fit présent, à cette occasion, de « 2 escus blancs » et lui envoya « 12 pintes de vin d'honneur » (2). Ce même Chevalier fut encore roi l'année suivante, et reçut de la ville « la somme de 6 francs » avec « 6 pintes de vin d'honneur » (3). A cette époque, on « plantoit l'oiseau au-dessus du tect de la tour de la place » (4), et c'est là qu'avait lieu le tir.

L'édit de 1664, réservant aux Chevaliers le tir à l'arquebuse, ne fut pas longtemps observé, et il fallut bientôt le renouveler en le rendant plus rigoureux encore. L'an 1671, « sur les plaintes des sieurs roy, capitaine et chevaliers du noble jeu de l'arquebuse, » le conseil fit publier interdiction « à tous de tirer des prix à l'arquebuse, si ce n'est dans le jeu ordinaire, à peine de 15 livres estevenans et de 30 contre celui qui fait le prix » (5).

(1) Délib. du 26 novembre 1670, B, 31, f. 82 v°.
(2) Délib. du 13 mai 1670, B, 31, f. 35.
(3) Délib. du 14 mai 1671, B, 32, f. 47 v° — 48.
(4) Délib. du 28 décembre 1671, B, 32, f. 100 v°.
(5) Délib. du 31 juillet 1671, B, 32, f. 68 v°.

Nouvelle défense deux ans après. Le 5 juillet 1673, l'autorité municipale décide « que l'on feroit publier un édict portant à tous interdiction de faire aucun prix à l'arquebuse ailleurs qu'au Champ-d'Aurain, lieu ordinaire où l'on a acoustumé de tirer ledit prix, à peine de dix livres contre chasque tireur et de vingt contre celluy qui fera le prix, avec déclaration que les pères et mères pourront estre contraincts pour leurs enfants » (1).

Quand les Chevaliers avaient quelque réparation à exécuter dans leur *jeu*, la ville, d'habitude, la faisait faire par « corvées. » Ainsi, en 1681, la Compagnie demanda et obtint « des courvoyeurs pour la réparation d'une allée » au Champ-d'Orain (2). Cette même année, le sieur Doroz, premier échevin, roi ou capitaine de la Compagnie, se rendit à Besançon « pour demander à monseigneur le marquis de Montauban, la permission de tirer l'oiseau de l'arquebuse, en l'an présent, comme il s'estoit praticqué du passé, et encor, pour complimenter monseigneur l'intendant sur sa promotion à la charge de maistre aux requestes au Parlement de Paris. » Il employa cinq jours pour ce voyage, et le conseil lui alloua pour ses frais la somme de 41 francs 3 gros (3). L'année suivante, il alla encore à Besançon demander la même autorisation au marquis de Montauban, et en obtint, « d'une manière fort satisfaisante, la permission de tirer l'oiseau, ainsi qu'à la cible, pendant cette année. » Le conseil, à son tour, donna alors pleine liberté de tirer le prix, selon l'usage, le lundi de la Pentecôte (4).

L'autorisation du gouverneur de la province était des plus générales et comprenait le tir à la cible pendant le cours d'un an. Mais bientôt le marquis de Montauban apporta une restriction grave aux privilèges de la compagnie. Il voulut que les arquebusiers déposassent leurs armes dans la maison du vicomte-mayeur, les menaçant, en cas de refus de leur part, de les empêcher de « tirer à la cible » (5). Quelque dure que fût cette injonction,

(1) Délib. du 5 juillet 1673, B, 34, f. 57 v° - 58.
(2) Délib. du 21 mars 1681, B, 44, f. 43.
(3) Délib. du 21 mai 1681, B, 44, f. 64.
(4) Délib. du 13 mai 1682, B, 44, f. 202 v°.
(5) Délib. du 2 juin, B, 44, f. 205.

quelque blessante qu'ils la regardassent pour leur honneur, les Chevaliers durent s'y soumettre, pour pouvoir continuer leurs exercices et ne pas perdre encore de leurs prérogatives. On les voit, le 19 août 1682, demander au conseil la permission d'aller prendre part à un prix solennel qui devait avoir lieu à Seurre, le 23 du mois. Ils y furent autorisés et en outre reçurent « la somme de 66 francs pour les ayder à supporter les grands frais qu'il convient faire pour le soutenement de l'honneur de ceste ville » (1).

En 1688, le marquis de Renty manda au mayeur de Poligny, on ne sait pour quel motif, que l'on eût à s'abstenir « de tirer à la cible et à l'oiseau jusques à nouvel ordre. » Il chargeait le magistrat du soin de notifier cette mesure « à la bourgeoisie et à tous les arquebusiers de la ville, afin que personne n'y contrevienne » (2).

Aucun motif plausible, aucune raison sérieuse, n'appuyait cette défense. L'interdiction, néanmoins, dura quelques années, au grand mécontentement de la Compagnie qui parvint enfin à la faire lever. Elle put alors reprendre ses exercices ordinaires et rentrer à peu près dans ses anciens droits. Le 27 juin 1695, une délibération du conseil permit « au roy du jeu de l'arquebuse de planter l'oiseau et le tirer pour de dimanche en 8 jours. » Celui qui l'abattrait, devait jouir des mêmes privilèges que le magistrat (3).

Le 9 mai de l'année suivante, on voit également le conseil autoriser les « Chevaliers du noble jeu de l'arquebuse de faire planter l'oyseau (le) dimanche prochain, 2e dimanche du présent mois de may, ainsy qu'il est accoustumé, et de le tyrer le mesme jour. » Le vainqueur devait avoir les exemptions accordées au mayeur et aux échevins (4).

C'est depuis 1696 que l'autorité municipale prit l'habitude d'accorder chaque année aux Chevaliers « les revenus du Champ-d'Aurain, » pour les aider à couvrir une partie de leurs frais et à

(1) Délib. du 19 août 1682, B, 44, f. 235.
(2) Délib. du 30 avril 1688, B, 48, f. 120 vo.
(3) Délib. du 27 juin 1695, B, 51, f. 6.
(4) Délib. du 9 mai 1696, B, 51, f. 61.

exécuter les réparations nécessaires au jeu. Dès lors, la compagnie dut rendre compte annuellement de ces revenus par-devant une députation du conseil (1). Ainsi, le 8 août 1696, le vicomte-mayeur Froissard fut chargé d'assister à la reddition de compte « que les sieurs Chevaliers du noble jeu de l'arquebuse veullent rendre des revenus du Champ-d'Aurain » (2).

Le conseil permit, en 1697, « de faire planter l'oiseau et de le tirer comme on a accoustumé. » Le principal privilège du roi devait consister cette année dans l'exemption de loyer « les gens de guerre. » Les revenus du Champ-d'Orain furent, comme l'année précédente, accordés à la compagnie, à la même fin et à la même condition (3).

Le jour de la Saint-Hippolyte (1697), il y eut à Poligny le tir solennel d'un prix d'honneur. Les registres des délibérations municipales, nos sources habituelles, ne nous fournissent malheureusement pas de détails sur la fête donnée à cette occasion. Nous voyons seulement que le 7 août, le conseil décida « que l'on feroit tous les honneurs possibles à tous les Chevaliers du jeu de l'arquebuse des villes estrangères qui viendront tyrer le jour de saint Ypolite prochain, et que l'on leur enverroit du vin d'honneur. » Le receveur de Poligny, Roy, paya « 27 livres 6 sols, pour vin d'honneur envoyé de la part de la ville à messieurs de Lons-le-Saunier et de Saint-Claude, venus en ceste ville tyrer au jeu de l'arquebuse, et pour un voyage que Claude Rosez a fait à Besançon pour le service de la ville » (4).

Le 9 avril 1698, le Conseil autorisa le tir de l'oiseau le dimanche suivant, assura les immunités ordinaires au vainqueur et accorda à la compagnie les revenus du Champ-d'Orain pour deux ans (5). Au mois de juin, les Chevaliers allèrent au prix de Saint-Claude (6).

L'emplacement du jeu était devenu encore insuffisant; il fallut

(1) Délib. du 9 mai 1696, B, 51, f. 61 v°.
(2) Délib. du 8 août 1696, B, 51, f. 73 v°.
(3) Délib. du 8 mai 1697, B, 51, f. 128 v° — 129.
(4) Délib. du 7 août et du 20 décembre 1697, B, 51, f. 143 et 162 v°.
(5) Délib. du 9 avril 1698, B, 51, f. 187.
(6) Délib. du 18 juin 1698, B, 51, f. 201.

l'agrandir. Sur la demande du magistrat, les Oratoriens consentirent à vendre à la ville, le 15 juin 1698, moyennant la somme de cent cinquante francs, environ cent huit toises de vigne, au Champ-d'Orain, attenantes à « la levée servant pour le jeu de l'arquebuze, » et franche « de toutes charges, servitudes, hipothèques et obligations quelconques. » Le terrain acquis, est-il dit dans l'acte, doit « servir pour suivre et achever la levée du jeu de l'arquebuze, servant à la décoration du Champ-d'Aurain » (1).

La ville continua à en céder les revenus aux Chevaliers, à charge d'en rendre compte, comme par le passé. Ainsi, le 13 février 1700, le conseil députa le sieur Froissard pour aller assister à cette reddition de compte (2). Le 30 avril suivant, le magistrat permit aux « nobles Chevaliers du royal exercice de l'arquebuse, de tirer l'oiseau » le dimanche suivant, et assura au roi les exemptions accoutumées (3). Au mois d'août de la même année, la Compagnie reçut cent francs de la ville, quand elle alla au prix de Châlons-sur-Saône (4), où assistèrent également les arquebusiers de Besançon, de Dole, d'Arbois, de Lons-le-Saunier et de Saint-Claude (5).

Le 24 avril 1715, l'autorité municipale permit aux Chevaliers « de faire replanter l'oyseau à leurs frais et de tirer à la cible, » pourvu toutefois qu'ils en obtinssent préalablement l'autorisation de monseigneur le comte de Grammont, commandant de la province. C'était à l'intendant de régler les prérogatives du roi. — La même année, sur la demande de la Compagnie, le conseil commit le sieur Étienne Maigrot, deuxième échevin, pour faire faire au jeu les réparations absolument nécessaires « de maçonnerie, charpente et couverture. » Ce dernier, et l'avocat Martin, conseiller, furent chargés d'assister à la rendue de compte des

(1) Archives de Poligny. Pièce cotée D, 27.
(2) Délib. du 13 février 1700, B, 52, f. 45.
(3) Délib. du 30 avril 1700, B, 52, f. 68.
(4) Délib. du 4 août 1700, B, 52, f. 90.
(5) Voir une description de la fête donnée à Châlons à l'occasion de ce prix, dans l'ouvrage déjà cité de V. Fouque : *Recherches historiques sur les corporations des archers, des arbalétriers et des arquebusiers*, p. 243-258.

revenus du Champ-d'Orain. De 1700 à 1704, ces revenus s'étaient élevés à la somme de 533 livres, 6 sols, 8 deniers (1).

Le 29 avril 1716, sur requête présentée par « messieurs les Chevaliers du royal jeu et exercice de l'arquebuse, » le conseil leur donna le droit « de tirer l'oiseau et ensuite à la cible pendant le cours de la présente année, à charge de se conformer aux ordres de monseigneur le comte de Grammont, et aux clauses, conditions et réserves » stipulées d'ordinaire dans les permissions précédemment accordées (2). On trouve de semblables autorisations en 1717 (3) et 1718 (4).

Le Conseil délibéra, en 1719, « de faire procéder à la vente de la paille que la ville avoit déposée au parquet du jeu de cible, attendu que messieurs du jeu de l'arquebuse ont prié le magistrat de faire nettoyer ledit parquet pour y pouvoir tirer » (5).

Les années suivantes, les registres des délibérations du conseil ne nous fournissent pas d'autres détails sur les arquebusiers que les autorisations habituelles de tirer l'oiseau en 1724 (6), 1727 (7) et 1728 (8). Le 7 mai 1729, sur placet présenté par les « capitaines, officiers et chevaliers du royal exercice de l'arquebuze, » le magistrat permit au sieur Legout, roi du jeu, l'année précédente, de planter l'oiseau, et à la compagnie, de le tirer à la cible, selon l'usage, « toutefois, sous l'agrément, bon plaisir et vouloir des supérieurs de la province » (9). Semblable autorisation en 1730 (10).

En 1737, la ville approuva l'accensement fait à Hyacinthe Perruche, du Champ-d'Orain et du « bastiment du jeu de l'arquebuse » (11). Elle chargea, en 1741, un des échevins, l'avocat Re-

(1) Délib. du 24 avril 1715, B, 55, f. 104 v°.
(2) Délib. du 29 avril 1716, B, 55, f. 168.
(3) Délib. du 30 avril 1717, B, 55, f. 232.
(4) Délib. du 29 avril 1718, B, 55, f. 291 v°.
(5) Délib. du 17 mai 1719, B, 55, f. 381.
(6) Délib. du 5 mai 1724, B, 57, f. 14.
(7) Délib. du 2 mai 1727, B, 57, f. 295 v°.
(8) Délib. du 15 mai 1728, B, 57, f. 395 v°.
(9) Délib. du 7 mai 1729, B, 57, f. 542.
(10) Délib. du 10 mai 1730, B, 57, f. 627 v°.
(11) Délib. du 13 octobre 1737, B, 60, f. 165 v°.

naudot, d'envoyer un placet au roi de France pour le prier de « confirmer les privilèges accordés par les anciens souverains à l'empereur et roy du jeu de l'arquebuse. » Le conseil recommanda cette supplique au chanoine Biétrix, de Poligny, alors à Paris, en lui mandant « que l'intention du magistrat est que le maire de la ville.soit toujours le chef dudit jeu, comme chef de la police, et qu'il tire gratis. » Au reste, la ville n'entendait faire aucun frais pour obtenir la demande adressée au roi, et n'alloua que 24 livres à cet effet (1).

Depuis un an ou deux, on était alors occupé à d'importantes réparations au jeu de l'arquebuse. Les ouvriers avançaient lentement et leur travail ne satisfaisait pas toujours. Au conseil du 16 juin 1741, le conseiller Maigrot rapporta « qu'ayant fait visiter les murs commencés depuis deux ou trois ans pour l'édifice du jeu de l'arquebuse, (ils) estoient trop étroits et mal liés, et qu'on ne pouvoit poursuivre ledit batiment en seureté sur de si mauvais murs; qu'il luy paroissoit, ainsi qu'aux experts qu'il avoit pris pour ladite visitte, qu'il falloit détruire une partie desdits murs, surtout en ce qui fait face au Champ-d'Aurain, et faire dudit costé une porte de taille de largeur de 4 pieds et demy sur la hauteur de 9 pieds, et qu'il falloit encore rapporter le mur du costé des allées du jeu et le mectre sur la mesme ligne des cabinets des tireurs, ce qui donneroit beaucoup plus d'espace et de largeur à la salle et seroit mesme moins dispendieux. » Convaincu de la justesse de ces observations et de l'utilité des changements proposés par le sieur Maigrot, le magistrat approuva unanimement le nouveau plan et donna ordre de l'exécuter (2). Les ouvriers qui en étaient chargés, traînèrent les travaux en longueur, et quoique le délai fixé pour l'achèvement fût déjà passé, ils ne finissaient pas la construction affectée au jeu de l'arquebuse. On fut obligé d'employer les menaces; on les somma « de travailler incessamment audit batiment et de continuer jusqu'à l'entière perfection d'icelluy, faute de quoy et passé le délay de quinze jours, messieurs du magistrat se pourvoiront en justice pour faire exé-

(1) Délib. du 12 mai 1741, B, 61, f. 108.
(2) Délib. du 16 juin 1741, B, 61, f. 116.

cuter les conditions énoncées dans la transaction passée entre eux et mesdits sieurs du magistrat, concernant ledit batiment » (1).

On voit, en 1744, les Chevaliers demander, comme par le passé, au magistrat la permission de tirer l'oiseau. Il leur fut répondu d'en obtenir d'abord l'autorisation du duc de Randan, lieutenant-général et commandant de la province, et qu'ensuite l'autorité municipale ferait ce qu'elle jugerait à propos (2). Le prix se tira après ces formalités remplies.

Il y eut de nouvelles réparations à faire au jeu en l'année 1748. La ville s'en chargea, selon son habitude, et au conseil réuni le 8 mai, on résolut de faire publier le dimanche suivant « qui voudroit entreprendre au rabais les réparations à faire au mur de la terrasse du jeu de l'arquebuse, ainsi que la construction et entreprise d'une bascule pour placer l'oiseau que messieurs du jeu de l'arquebuse ont coustume de tirer chaque année. » On donna l'adjudication à celui qui faisait les offres les plus avantageuses, et on stipula l'achèvement des travaux dans un bref délai. Pour les exécuter, il était nécessaire de déplacer « le chantier des bois de chauffage de la ville » occupant la terrasse du jeu. Les Chevaliers durent s'adresser à l'intendant de la province pour obtenir ce droit; et comme le chantier les gênait beaucoup dans leurs exercices, ils saisirent cette occasion de demander qu'on le transportât un peu plus loin (3). Ils obtinrent leur requête sans difficulté; le chantier fut transféré à l'extrémité du Champ-d'Orain, et le jeu, débarrassé de ce gênant voisinage, devint plus vaste et mieux approprié aux exercices de la noble Société.

Les réparations s'achevèrent rapidement. L'année suivante (1749), on en fit encore de nouvelles, toujours aux frais de la ville, et de plus, le magistrat permit aux Chevaliers de prendre des chênes dans les forêts de Poligny, pour faire des bancs dans la salle de leur jeu (4).

(1) Délib. du 4 mai 1742, B, 61, f. 192 v° — 193.
(2) Délib. du 5 juin 1744, B, 62, f. 171.
(3) Délib. du 8 mai 1748, B, 64, f. 35.
(4) Délib. du 25 avril 1749, B, 64, f. 126.

Dans la plupart des villes où existaient des compagnies de l'arquebuse, il était généralement d'usage que le magistrat fît chaque année un présent à celui qui abattait l'oiseau. A Poligny, cette coutume ne fut pas en vigueur avant le milieu du XVIIIe siècle. En 1752, la Société adressa une requête au conseil, le priant « d'accorder une petite croix ou médaille d'or au roy de leur jeu, pour donner plus d'émulation à messieurs les Chevaliers. Il étoit d'usage, dans les autres villes de la province (disait-on dans la supplique), de donner un pareil prix à celui qui abattoit l'oiseau, et il paroissoit qu'on en devoit user de mesme, à plus forte raison, dans cette ville, puisque le *jeu d'arquebuse est composé de tout ce qu'il y a de gens les plus distingués ;* ce qui forme une compagnie toute différente de celle des autres villes. » Sur cette requête, l'autorité municipale décida qu'on accorderait au roi du jeu une croix ou une médaille d'or, d'une valeur de 30 livres, et chargea l'avocat Guérillot, échevin, de « faire faire ladite croix ou médaille en or, suyvant le dessin que messieurs les Chevaliers de l'arquebuse trouveront le plus convenable, en faisant graver sur une face les armes de la ville (1). » Le sieur Légerot s'acquitta de la commission, fit faire une médaille d'or, l'apporta au conseil, le 9 août, et, au nom de la ville, alla l'offrir à l'avocat Grand, roi du jeu en cette année (2). Les Chevaliers s'assemblèrent aussitôt, et trouvant le présent trop mesquin, décidèrent qu'on le refuserait en disant qu'on ne jugeait pas à propos de l'accepter. Ils chargèrent l'échevin Guérillot et le lieutenant du vicomte-mayeur Tavernier, tous deux membres du corps, de rapporter leur réponse au magistrat et de lui faire savoir leur décision (3).

L'année suivante, l'autorité municipale, apprenant que « messieurs les magistrats de Salins, en vertu d'une charte qu'ils avoient recouverts, avoient donné et délibéré de donner dans la suite une médaille à celui qui abattra l'oiseau, » décida, qu'avec le consentement de l'intendant de la province, on gratifierait le roi du

(1) Délib. du 17 mai 1752, B, 66, f. 33.
(2) Délib. du 9 août 1752, B, 66, f. 67.
(3) Délib. du 16 août 1752, B, 66, f. 69 v°

jeu d'une médaille pareille à celle qui avait été faite l'année précédente (1). Cette fois, les Chevaliers ne crurent pas déroger à leur dignité en l'acceptant, et même ils députèrent deux d'entre eux, pour aller au conseil « faire de la part de leur corps de très-humbles remerciements de ce que messieurs du magistrat ont bien voulu accorder une médaille à celuy qui abattra l'oiseau » (2).

En 1756, « la construction de l'emplacement de la bascule, » qui servait au tir du papegai, coûta à la ville la somme de 69 livres, 17 sols, 6 deniers (3). — Le 11 mai 1759, le conseil permit de « tirer l'oiseau » le dimanche suivant (4). Même autorisation le 22 avril 1763 (5).

Comme on le voit, les annales de notre compagnie offrent, par moment, une monotonie et une aridité inévitables. C'est toujours la répétition de mêmes faits, le retour de mêmes évènements. Nous pouvions jeter de la variété sur notre sujet, le rendre sans doute plus intéressant, par des digressions sur l'histoire générale de notre ville ou de la province, par des développements accessoires : nous ne l'avons pas fait pour ne pas sortir du cadre ni des bornes d'une simple monographie.

Il nous reste à étudier la dernière période de l'existence des Chevaliers de l'arquebuse : elle offre de l'intérêt et une certaine vie. Ce sont les extrêmes convulsions d'un corps qui s'éteint. Tout d'abord, on voit la compagnie présenter une requête au conseil pour « avoir communication des titres et délibérations concernant les privilèges à eux accordés par les souverains. » Il leur fut ré-

(1) Délib. du 11 mai 1753, B, 66, f. 164.
(2) Délib. du 16 mai 1753, B, 66, f. 165.
(3) Délib. du 25 juin 1756, B, 68, f. 41 v°.
(4) Délib. du 11 mai 1759, B, 69, f. 6 v°.
(5) Délib. du 22 avril 1763, B, 71, f. 97. — En 1763, on voit un maître d'armes venir s'établir à Poligny. « Sur placet présenté par Charles Roman, dit Prêt-a-boire, maître en fait d'armes, le conseil luy a permis d'enseigner à faire des armes en cette ville pour autant (de temps) qu'il plaira au magistrat et qu'il se comportera en homme de bien et d'honneur. » Délib. du 27 avril 1763, B, 71, f. 100 v°. — Le 18 juillet de la même année, le maire donna ordre aux sergents de ville d'arrêter « une fille étrangère qui débauchoit la jeunesse. » B, 71, f. 140 v°.

pondu que « messieurs les Chevaliers qui sont du corps du magistrat » pourraient en prendre connaissance quand ils le jugeraient à propos, en présence, toutefois, de l'avocat Légerot, conseiller, nommé à cet effet (1).

1755-1763, époque féconde pour la France en désastreux évènements. Après le fameux pacte de famille formé en 1761 entre toutes les branches de la maison de Bourbon établies en France, en Espagne, dans les Deux-Siciles, à Parme et à Plaisance; après les luttes sanglantes qui le suivirent, la France conclut avec l'Angleterre, le 10 février 1763, le honteux traité de Paris : le 15, l'Autriche, la Prusse et la Saxe signaient à leur tour la paix de Hubertsbourg. Quelque humiliant que fût pour nous ce traité, quelque tache qu'il imprimât à notre honneur national, il avait été nécessaire de l'accepter : les finances du royaume étaient épuisées, la marine détruite, nos drapeaux abaissés, et on eut longtemps à déplorer les fautes et les ruines d'une guerre sans but et sans motif. — La France, aux abois, reçut avec acclamations la nouvelle de la paix. Partout on improvisa des fêtes pour célébrer « un aussi heureux évènement. » Les villes de notre province, et entre autres Poligny, ne restèrent pas en retard et organisèrent à l'envi des réjouissance publiques. Le 22 juillet, le conseil décide « que M. le Maire, M. Outhier, lieutenant de maire, M. Rigaud, eschevin, M. Légerot, conseiller, et M. Labbé, chargé de porter l'étendart de la ville, monteront à cheval dimanche prochain 24 du courant, à une heure après midy, avec le procureur du roy, les secrétaires, scindics et valets de ville, pour faire lire et publier par le secrétaire de la ville, l'ordre de la paix qu'il a plu à Sa Majesté d'accorder à ses sujets, dans tous les endroits où l'on a coutume de faire les publications des ordres de Sa Majesté. » Il fut décidé en outre, « qu'ensuitte de la publication, il seroit allumé, sur les deux montagnes appelées : le Dent et la Roche-du-Midy, des feux en réjouissance de la paix, et que chaque particulier sera obligé de mettre des *Vive le Roy* avec des lumières sur ses fenêtres; lesquelx feux ainsy que les lumières seront allumés à neuf heures du soir au son de la grosse

(1) Délib. du 8 juin 1763, B, 71, f. 116.

cloche, et ce, ledit jour 24, à peine de cinq livres d'amende contre chaque contravenant » (1).

On organisa donc une fête à Poligny pour le dimanche 24 juillet. Le matin de ce jour, au Conseil assemblé extraordinairement, le maire représenta « que le guidon aux armes de la ville étant déposé chez le sieur avocat Roux, roy du noble jeu de l'arquebuse en la présente année, il luy paroissoit que ledit guidon devoit être déposé chez M. le Maire, pour ne pas être dans le cas de l'aller chercher ailleurs, lorsque le magistrat en auroit besoin, avec d'autant plus de raison qu'il appartient à la ville en toute propriété. » Seulement, disait-il, « comme messieurs de la Chevalerie se sont toujours prêtés très-volontiers lorsqu'il a été question de faire les honneurs de cette ville, il luy paroissoit à propos et même convenable de leur confier toutes et quantes fois ils en auroient besoin. » Approuvant pleinement cette proposition, l'assemblée municipale décida que le guidon serait à l'avenir déposé chez le Maire, et que toutes les fois que les Chevaliers « en auroient besoin pour leurs exercices, l'on se feroit toujours un vray plaisir de leur confier. » Les avocats Outhier et Légerot eurent charge d'aller chez le sieur Caseau, capitaine du Jeu, où les Chevaliers se trouvaient alors réunis, pour leur faire part de la délibération du Conseil « et en même temps les prier de vouloir bien nommer six d'entre eux pour les accompagner à la publication de la paix qui se doit faire le présent jour, à une heure après midy, pour que ladite publication se fasse avec plus de pompe et de décence. » La Compagnie acquiesça unanimement à cette demande et fit répondre au magistrat par les sieurs Outhier et Légerot qu'elle « se feroit un véritable plaisir de les accompagner et de pouvoir contribuer à ce que cette publication de paix se fasse avec plus de magnificence, et que le guidon seroit remis immédiatement après chez M. le Maire » (2).

La fête eut lieu avec grande solennité; tout se passa comme le Conseil l'avait décidé. Le matin, à la grand'messe, on chanta le

(1) Délib. du 22 juillet 1763, B. 71, f. 142.
(2) Délib. du 24 juillet 1763, B, 71, f. 143 v°, 144.

Te Deum, ainsi que l'avait prescrit le mandement de Son Eminence Monseigneur l'Archevêque de Besançon.

(1763). — Au mois de septembre, la ville fait réparer « la maison de Hyacinthe Perruche, où est placée la salle du jeu de l'arquebuse, » sur le rapport « qu'il y pleuvoit de toutes parts et que les planches allaient se pourir. » (1)

Malgré leur promesse, faite, il est vrai, sur-le-champ et sans réflexion, les Chevaliers avaient refusé de déposer le guidon aux armes de la ville « en l'hôtel de M. le Maire. » Après de nouveaux refus, celui-ci s'adressa à l'intendant de la province qui, par ordonnance du 28 août, ordonna à la Compagnie d'avoir à se conformer à la décision du Conseil, et « à remettre le guidon à l'hôtel-de-ville. » Le 11 septembre, le subdélégué Saullier apporta cette ordonnance au Maire. Ce dernier la communiqua à la Société, une première fois officieusement, le jour même, et officiellement le treize août (2). Le différend, néanmoins, ne se termina pas, et le 21 du même mois, le subdélégué vint lire au Conseil une lettre de l'intendant qui l'invitait « à terminer à l'amiable la discussion survenue entre messieurs du Magistrat et messieurs de l'Arquebuse, au sujet de l'étendart de cette ville. » L'Assemblée n'admit pas une pareille proposition et chargea le Maire d'envoyer par le prochain courrier de nouvelles représentations à l'intendant (3).

L'intendant et le commandant militaire de la province voyant qu'il était impossible d'arranger à l'amiable cette contestation envenimée, donnérent enfin complet gain de cause au magistrat, et malgré leurs refus énergiques, leurs violentes réclamations, les Chevaliers durent se soumettre. Ils députèrent un des leurs, le sieur Meurard, au Conseil tenu le 2 novembre, « pour remettre à l'hôtel-de-ville l'étendart aux armes de la ville et de la Chevalerie, ensuite des ordres de Monseigneur le duc de Randan et de Monseigneur l'intendant. » L'autorité municipale décida alors que l'étendart serait déposé chez M. le Maire, « pour se conformer

(1) Délib. du 7 septembre 1763, B, 71, f. 169.
(2) Délib. du 13 septembre, B, 71, f. 174 v°, 175.
(3) Délib. du 21 septembre, B, 71, f. 179 v°.

à l'usage qui a été constamment observé, sans aucune réclamation » (1).

Le Conseil était satisfait : il avait enfin réussi à obtenir ce qui lui tenait tant à cœur. Il put, de ce moment, faire de la générosité à bon compte et accabler de politesses les vaincus. — Le Magistrat avait tout intérêt, on le conçoit, à ménager des susceptibilités déjà vivement froissées; d'un autre côté, le Maire, faisant partie de la Chevalerie, avait personnellement tout à redouter d'une Compagnie aussi fière que jalouse de ses droits, et composée exclusivement, comme nous l'avons vu, de la noblesse et de l'élite de la bourgeoisie polinoise. Le Maire prit donc l'initiative, s'ingénia à faire renaître la bonne harmonie, et voici comment il aborda cette délicate question devant le Conseil, le 16 décembre : « Il avoit vu naître avec regret la difficulté qui a divisé pendant un temps messieurs du Magistrat et messieurs de la Chevalerie, au sujet de l'étendart aux armes de cette ville et de la Chevalerie. Ayant luy-même l'honneur d'être attaché à ce dernier corps, ce n'étoit pas sans peine qu'il s'étoit vu obligé, en sa qualité de Maire, de faire valoir les droits de la ville et de recourir à l'autorité de Monseigneur le duc de Randan, lieutenant-général et commandant en chef dans la province, et à M. de la Coré, intendant, qui ont décidé que ledit étendart appartient en toute propriété à la ville, et ont ordonné, en conséquence, à Messieurs les Chevaliers de le restituer. Pour leur donner des preuves du désir que messieurs du Magistrat ont de vivre en parfaite union avec eux, il prenoit la liberté de proposer à l'Assemblée, sous le bon vouloir et plaisir de monseigneur l'Intendant, de faire don à MM. les Chevaliers de l'étendart de la ville pour être déposé chez le Capitaine, où il sera pris et remis, lorsque messieurs les Chevaliers en auront besoin pour leurs exercices; bien entendu qu'en cas de dissolution de la Chevalerie, ledit étendart seroit remis au pouvoir de messieurs du Magistrat, pour être conservé et rendu à la Chevalerie, le cas arrivant qu'elle se rétablisse. Connoissant le sentiment de la Compagnie, il est persuadé qu'aucun des membres ne s'opposera à ce don; il se flatte même qu'il sera du goût du

(1) Délib. du 2 novembre 1763, B, 71, f. 200.

public. » Le Conseil adopta, à l'unanimité, cette proposition, et chargea le Maire « de supplier monseigneur l'intendant d'homologuer la présente délibération, dans la confiance où est le Magistrat que messieurs de la Chevalerie en useront comme du passé, en se prêtant à faire les honneurs de la ville dans les différentes occasions où elle doit témoigner sa joye, soit en recevant chez elles des personnes de distinction, soit sur tous les évènements glorieux et avantageux à la nation » (1).

Le Maire envoya donc la délibération du Conseil à l'intendant, en le priant de l'approuver. Celui-ci souscrivit sans peine à une pareille demande, et le 24 décembre, expédia la lettre qui suit :

« Nous, intendant, aiant à cœur de concourir à rétablir la paix entre les officiers du Magistrat de la ville de Poligny et la Compagnie des Chevaliers de l'Arquebuse de ladite ville, nous avons approuvé et approuvons l'objet de la délibération cy-dessus, et, en conséquence, l'avons homologuée et homologuons pour estre exécutée selon sa forme et teneur. Et sera nostre présente ordonnance registrée sur le livre des délibérations de ladite ville, et une expédition d'icelle remise auxdits Chevaliers de l'Arquebuse ainsi que de la délibération cy-dessus. — Fait à Besançon, le 24 décembre 1763 » (2).

Le Maire lut cette ordonnance au Conseil aussitôt sa réception (le 28), et il fut décidé que MM. Outhier, lieutenant du Maire et le conseiller de la Pinodière, accompagnés d'un des syndics et des deux sergents de ville, iraient porter aux Chevaliers copie de la délibération du Conseil, de l'ordonnance de l'intendant, en remettant l'étendart au sieur Caseau, leur Capitaine (3). Ils y allèrent le 31. — Les Chevaliers ne restèrent pas en arrière en fait de bons procédés. A la première réunion de l'autorité municipale, le 4 janvier 1764, ils envoyèrent une députation composée de deux d'entre eux, M. Grand, procureur du Roi au bailliage de Poligny et l'avocat Maigrot, en habits de Chevaliers « faire leurs remerciemens à messieurs du Magistrat de la générosité qu'ils avoient bien voulu

(1) Délib. du 16 décembre 1763, B, 61, f. 224 v°, 225.
(2) Archives de Poligny, f. 48.
(3) Délib. du 28 décembre 1763, B, 71, f. 230 v°.

leur faire de l'étendart aux armes de la ville et de la Chevalerie, appartenant à ladite ville, et (leur témoigner) leur reconnaissance à cet égard, avec toutes les assurances les plus obligeantes et les plus gracieuses » (1).

La concorde fut ainsi rétablie : toute rancune fut oubliée avec le passé, et les meilleures relations se renouèrent pour ne plus se rompre entre la municipalité et les Chevaliers du noble jeu de l'Arquebuse.

Le 25 avril 1764, on leur permit de tirer l'oiseau comme d'habitude et d'avoir leurs exercices et réunions ordinaires (2).

Les années suivantes, leurs annales n'offrent aucun fait intéressant (3).

En 1776, la ville « amodie le droit exclusif de placer des jeux de quilles dans l'allée des Champs-d'Aurain.... L'adjudicataire pourra établir des jeux de quilles en tel nombre qu'il trouvera convenir, dans les allées du jeu de l'arquebuse, sous la condition toutefois qu'il sera obligé de les laisser libres les jours d'exercices de messieurs les Chevaliers.... » (4).

Comme par le passé, le Magistrat accordait annuellement une croix ou une médaille d'or à celui qui abattait l'oiseau. En 1776, sur placet de la Compagnie, le Conseil donna mission à l'un des échevins, M. Tavernier, de faire faire une croix d'or d'une valeur de 48 livres, pour remettre à M. Outhier, l'aîné, roi de l'Arquebuse l'année précédente (5). En 1776 également, les Chevaliers

(1) Délib. du 4 janvier 1764, B, 71, f. 238 v° — 239.

(2) Délib. du 25 avril 1764, B, 71, f. 295.

(3) Nous citerons ici comme ayant quelque rapport avec notre sujet l'arrêt du Parlement de Besançon, du 4 mars 1773, qui confirme et renouvelle celui du 9 juillet 1753. Voici cet arrêt, rendu pour éviter les incendies et les accidents : « Défense à toute personne de tirer sur les toits ou dans l'intérieur des maisons, d'allumer des feux dans les rues, d'y jeter des fusées et pétards, soit dans les villes, soit dans les campagnes, et d'y tirer des coups de pistolet ou autres armes à feu, même sous prétexte de processions, baptêmes, confréries, noces ou autres assemblées et cérémonies, à peine contre chaque contravenant de cent livres d'amende. » Archives de Poligny, F, 50.

(4) Archives de Poligny, D. 44.

(5) Délib. des 16 et 23 février et 8 mars 1776, B, 78, ff. 6, 8 et 13.

furent autorisés à se livrer à leurs exercices ordinaires pendant tout le cours de l'année (1).

Un des échevins abattit l'oiseau en l'an 1777, et eut ainsi l'honneur d'être « roy de l'arquebuse. » Il reçut de la ville une croix d'or de 48 livres (2).

A partir surtout de cette époque, on voit différents particuliers organiser à Poligny des tirs à la cible. Celui qui voulait « faire tirer un prix » devait tout d'abord commencer par en demander l'autorisation au Conseil, qui consultait d'ordinaire les Chevaliers, et sur leur réponse affirmative ou négative, accordait ou refusait la permission. En la donnant, il fixait le prix que l'entrepreneur devait exiger pour chaque coup : en général, 2 sous 6 deniers.

Au mois d'août 1777, Charles Hugon, « amodiateur du droit de placer des jeux de quilles aux Champs-d'Aurain, » obtint l'autorisation de faire tirer un prix consistant en un service d'argent (3).

Le 6 mai 1778, le magistrat autorisa les exercices habituels de la Compagnie (4). La même année, le sieur Portier l'aîné, roi de l'arquebuse, reçut la croix d'or (5).

Au Conseil du 5 août 1778, MM. d'Astorg et Portier vinrent au nom des Chevaliers, prier messieurs les Magistrats de leur faire l'honneur d'assister au repas qu'ils donneront le jour de S. Hipolite. » — « MM. les officiers municipaux, pénétrés de reconnaissance de la démarche de MM. les Chevaliers, auxquels ils donneront en toutes circonstances des preuves de l'envie qu'ils conserveront toujours de concorder avec eux, ont accepté avec empressement leur invitation et ont résolu de partager avec eux la fête,...

(1) Délib. du 15 mai, B, 78, f. 36.

(2) Délib. du 9 juillet 1777, B, 78, f. 144.

(3) Délib. des 6, 8 et 16 août 1777, B, 78, ff. 153 v°, 154 v° et 156.

En 1777, on voit établir à Poligny un *jeu de billard*. Voici ce qu'on lit dans le registre des délibérations du Conseil, à la date du 5 novembre 1777 : « Sur le rapport de M. Garnier, échevin, le Conseil a permis à Joseph Martin, d'Arbois, de résider en cette ville et d'y établir un jeu de billard pour autant de temps qu'il plaira à messieurs du Magistrat, à charge à luy de se conformer aux règlements de police et de supporter les charges de la ville comme les habitants. » B, 78, f. 177 v°.

(4) Délibérations du 6 mai 1778, B, 78, f. 236 v°.

(5) Délib. des 10 et 15 juillet 1778, B, 78, ff. 259 et 260 v°.

espérant de leur amitié qu'elle sera sans beaucoup de dépense» (1).

En 1782 et les années suivantes, on voit fréquemment le Conseil accorder à divers particuliers le droit de faire tirer des prix à l'arquebuse. Ces prix consistaient en *fusils*, en *services* et *boucles* d'argent (2). Le 15 août 1787, un coutelier de Poligny, Jean-Claude Cler, « fit tirer un prix consistant en un couteau à deux lames, dont une d'argent, un canif et un tire-bouchon, à manche d'écaille, et ce à raison de 3 sols chaque coup » (3). Le prix ordinaire de 2 sols, ou de 2 sols 6 deniers, augmentait selon la valeur de l'objet proposé en prix.

La ville vendit, en 1783, comme « n'étant plus d'aucun usage, la bascule construite, il y a quelques années, pour l'excercice du jeu de l'arquebuse » (4). La Société des Chevaliers du noble jeu était en effet en pleine décadence : sa splendeur passée n'était plus qu'un souvenir. Ses réunions, ses exercices étaient devenus de plus en plus rares et avaient même fini par cesser complètement, lorsqu'en 1790 (5), après le décret du 12 juin, la Compagnie fut dissoute et réunie à la Garde Nationale.

(1) Délib. du 5 août, B, 78, f. 267 v° — 268.

(2) Délib. des 19 juin, 7 août 1782; 1er et 22 août 1783, 4 août 1784, B, 80, ff. 13, 32 v°, 149 v°, 278 v°.

(3) Délib. du 8 août 1787, B, 82, f. 30.

(4) Délib. du 12 novembre 1783, B, 80, f. 199. — Au mois de décembre de l'année précédente, le Magistrat avait autorisé Joseph Gilles, Jérôme Pères et autres sauteurs espagnols « à exercer leurs talens dans la salle de l'hôtel-de-ville, à charge à eux de réparer les dommages qu'ils pourroient y causer. » — Délib. du 4 décembre 1782, B. 80, f. 68 v°.

(5) Dans son *Dictionnaire historique du Jura* (t. V, p. 285), M. Rousset assigne à cette dissolution la date de 1791. Il doit y avoir là erreur de sa part. Le décret de l'Assemblée Nationale réunissant les Compagnies d'Archers et d'Arquebusiers à la Garde Nationale date, en effet, du 12 juin 1790. Et on voit que presque partout les Compagnies se dissolvent immédiatement à la publication de ce décret.

APPENDICE.

Notes inédites de F.-F. Chevalier sur les Arquebusiers de Poligny.

Marguerite, archiduchesse d'Autriche, comtesse de Bourgogne, permit aux habitants de Poligny de tirer chaque année à l'arbalète et à l'arc le papegay, et accorda au roi de ces jeux exemption de dîmes, de toises, de quatorzaines, d'impositions et de tous subsides pendant son année (par lettres du 8 avril 1518). Inv. des titres de la ville. — Les lettres étaient datées de Malines. Le titre ayant été produit, a été égaré. Voyez aussi pour la possession de ces exemptions, un compte de 1559, fol. 78, au cabinet du garde-livre. Ch. des Comptes.

Charles V, empereur et comte de B., permet, par lettres patentes datées de Bruxelles le 3 octobre 1538, aux habitants de Poligny de tirer à l'arquebuse, qui était devenue plus d'usage, et accorde au roi de l'arquebuse les mêmes exemptions de dîmes, toises, quatorzaines et d'autres impositions, qui se feront et recueilleront au comté de B. et dans la ville de Poligny. Ces lettres sont enregistrées à la Ch. des Comptes, au 2e Reg., f. 41 et 42, et très-bonnes à lire; j'en ai une copie collationnée dans mon cartulaire, page 157, confirmation et concession faite avec toutes les solennités les plus formelles.

En conséquence, la Compagnie des Chevaliers de l'Arquebuse à Poligny a toujours été composée de gens notables. On n'y reçoit point de gens du commun, comme ailleurs; elle ne veut fraterniser avec celles des autres villes jusqu'à ce qu'elles soient sur un beau pied comme elle. Aujourd'hui, elle ne jouit pas desdites exemptions, par une suite de nos divisions qui se renouvellent de temps à autres. Jusques à quand, esprits brouillons, persécuterez-vous votre mère, et jetterez-vous le trouble et le désordre parmi les citoyens?

Les Chevaliers portent un habit uniforme les jours d'assemblée, qui commencent ordinairement le 2e dimanche du mois de mai et continuent jusqu'à la Saint-Louis. Cet habit est de belle étoffe d'un bleu de roi assorti de cartouches d'or sur les manches, sur les poches, aux boutonnières et aux pans de l'habit par derrière. Cette Compagnie fait des dépenses et fait les honneurs de la ville dans les occasions, comme aux arrivées de prélats et d'autres grands... Celui qui donne le prix donne aussi un repas le même jour à sa Compagnie, ce qui entretient l'amitié et l'union entre une classe de citoyens, au grand avantage de la ville.

Celui qui a mis bas le papegay est décoré d'une médaille d'or qui est attachée à la boutonnière avec un ruban de même couleur que l'habit; médaille qui est frappée d'un côté aux armes de la ville et de l'autre aux armes ou symbole de la Chevalerie. Ce symbole est un aigle éployé de sable, en champ d'or, les griffes armées du foudre dont il se joue, avec cet emblême ou devise : *Hæc sunt fulmina ludus.* — Les anciens rois portent la médaille ou croix à la boutonnière de la veste, à la différence du roi de l'année qui la porte à celle du surtout.

Cette Compagnie étant autorisée, elle a des statuts qu'il faut suivre.

Le roi est tenu à faire replanter le papegay l'année suivante. Le Maire et les échevins étoient invités au régal que le roi donne à cette occasion. On dresse un verbal de la replantation, ce qui se fait au nom du Maire et desdis échevins.

J'ai vu dans mes jeunes années que le jour que l'on tiroit l'oiseau ou papegay à Poligny, c'étoit une fête générale et une réjouissance publique. Dès que le nouveau roi avoit mis bas l'oiseau, il étoit salué et félicité par tous les honnêtes gens présents. On portoit son chapeau à une dame ou demoiselle qu'il estimoit, pour qu'elle l'ornât d'une couronne et de brillants. La couronne est ordinairement légère, formée de quelques fils de perle, entrelacés de myrte. On le reconduit chez lui avec l'étendart et les instruments; et, à l'heure qu'il donne, MM. les Chevaliers vont le prendre chez lui, tous montés le plus magnifiquement qu'ils peuvent, et l'accompagnent dans toutes les rues où les personnes d'un état ou d'une fortune honnête présentoient de mon temps à la troupe les confitures et les dragées qui se répandoient à pleines mains et se jettoient au peuple qui suivoit et qui crioit : Vive le Roy. Cette dépense que l'on a laissé supprimer a fait que la fête n'est plus ni aussi brillante ni aussi animée.

J'ai oublié de dire que le chapeau d'ordonnance des Chevaliers est un castor sans bord, mais orné d'un plumet blanc.

Anciennement et en 1563, le jeu de l'arquebuse étoit situé dans le fossé et le long des murs de ville qui ferment les Dominiquains, du côté de la place. Ce fossé fut accensé le 28 avril 1563 à Claude Doroz, notaire. (Tit. de la ville). Aussi ai-je appris qu'on tiroit l'oiseau, et je l'ai vu moi-même, sur la tour qui est au levant dudit fossé. Cet exercice avoit succédé au jeu de l'arbalète qui étoit près de Saint Roch, en un lieu qui retient encore le nom de *la Butte aux Archers*.

Bernard Chevalier, roi de l'arc en 1563, ne fut taxé pour ses vins, en janvier 1564, dans le verbal d'évaluation faite en présence du conseiller Sachet, de l'auditeur du Hénaut, commis à ce : $\frac{P}{108}$ (Preuve de la possession).

Les exercices des Chevaliers de l'Arquebuse avaient cessé à cause des guerres pendant environ 15 à 16 années. Ils recommencèrent avec plus de brillant que jamais en 1748, et la Compagnie fut alors composée de 25 personnes qualifiées en charge ou graduées. C'est alors qu'on prit l'uniforme dont on a fait mention à la page précédente.

A l'occasion de ce rétablissement, on fit le chronographe suivant qui faisoit allusion à la paix que la France avoit conclue avec l'impératrice reine de Hongrie, époque qui concourroit avec celle de ce rétablissement :

LVX affVLsIt, sponte reX teLa reponIt
HIppoLItI Vrbs LVDIs reDDIta sVIs.

Anno 1748, *mense maio, nuntiatur undique pax grata, et vectigalium tributorumque quibus Gallica gens oneratur sublevatio. Nobiles urbis Polignacensis cives consociantur, pristinæ hilaritati sese dant, publicos priscosve restaurant ludos. Sclopetariorum maxime ludum pristino restituunt statui, multo decore et magnificentia adjectis. Fr.-Felix Chevalier D. D. Sclopetariorum moderator electus.*

Le sieur Pelerin, père du lieutenant-général actuel, tirant à la cible un jour de prix, sur la fin du siècle dernier, avant que les arbres qui forment les allées du jeu de l'arquebuse eussent été plantés, se trompa de cible et tira à celle qui n'étoit pas vis-à-vis de lui. Cette méprise fut suivie d'un accident : car le nommé Bidaut, marqueur, fut frappé à l'épaule de la balle. Celui-ci, sans s'émouvoir, mais de sang froid et avec une présence d'esprit extrêmement rare, va à la cible où le sieur Pelerin devoit et croyoit avoir tiré, y marque le coup dans le noir, et se tourne du côté du tireur qu'il ne connoissoit pas. Celui-ci sort de la butte et se nomme, suivant qu'il se pratique. Eh bien! tu as fait un beau coup, lui riposte le marqueur, qui n'en avoit agi ainsi qu'afin de connoître l'auteur du coup malheureux.

En 1762, le 25 août, la Chevalerie de Lons-le-Saunier vint à Poligny, à l'invitation de MM. les Chevaliers de Poligny, qui leur donnèrent une fête magnifique et des plus splendides dans l'hôtel-de-ville. Ceux de Lons-le-Saunier arrivèrent vers les onze heures du matin du 25, au nombre de 27, précédés de cors de chasse, de tambours et autres instruments. Ceux de Poligny furent à leur rencontre en corps jusqu'à Château-Châlon. Les deux troupes entrèrent dans la ville en bel ordre. On avoit cédé, par honneur, le pas à la Chevalerie de Lons-le-Saunier, sauf que les capitaines des deux troupes marchoient sur la même ligne à la tête. Chaque chevalier de Poligny prit chez lui un de Lons-le-Saunier; quelques-uns en prirent deux qu'ils logèrent avec leurs chevaux. L'hôtel-de-ville avoit été orné de tapisseries, de lustres, d'emblêmes. Au haut de la place étoient représentées dans un cartouche les armes de Lons-le-Saunier, à la droite, et celles de la ville de Poligny, à gauche, avec ces vers au-dessous : *Quos social cives gloria, jungit amor.* Le frontispice de l'hôtel du bailliage, qui est à l'opposite de la salle de l'hôtel-de-ville étoit orné de festons, et le dessus de la porte garni de lampions. Au milieu, un cartouche, représentant les emblêmes des deux Chevaleries. Celles des Chevaliers de Lons-le-Saunier est un soleil avec le *Nec pluribus impar*. Devise qui ne signifie rien ou qui est trop fastueuse, si elle dit quelque chose. Celles de Poligny sont d'or à l'aigle voltigeant, de sable armé du foudre de gueule, avec cette devise ou cri : *Hæc sunt fulmina ludus.* Au dessous on avoit mis ce vers si convenable à ces emblêmes : *Quis sol, quod fulmen vestro non cederet igni?* Ce vers, dont la pensée est belle, pouvoit être tourné plus naturellement et rendu plus coulant.

Il y avoit dans la salle un couvert dressé, en forme de fer à cheval, ou plutôt en forme d'un carré long non fermé par l'un de ses côtés. Il y avoit cent cinquante couverts ou services. On fut servi de tout ce qu'il y avoit de plus exquis et de plus délicat avec une profusion étonnante, un ordre admirable, un concert charmant, une attention infinie, une cordialité et une gaieté peu communes. Le repas servi à quatre services fut prolongé jusqu'à onze heures dans la nuit. Il y eut quelques violons dans des maisons particulières, et toute la ville prit part à la bonne façon de nos Chevaliers qui se distinguèrent et par la générosité et par la grâce avec laquelle ils ont fait leurs honneurs et ceux de notre ville. Il se fit à cette occasion de jolies chansons à l'honneur de l'une et de l'autre troupe et des impromptus qui firent plaisir à tout le monde et égayèrent les convives.

La chanson de la table, faite pour conclure une union et lier une étroite amitié entre les deux villes, après avoir dit que l'on vouloit que toute la terre fût instruite que Poligny et Lons-le-Saunier ne faisoient plus qu'une ville, étoit terminée par une invitation à chaque Chevalier de cimenter par une ronde à boire le traité d'alliance et d'union, en ces termes :

Que chacun en particulier
Remplisse une caraffe;
C'est en buvant qu'un Chevalier
Doit mettre son paraphe.

L'invitation fut suivie d'une ronde à une petite caraffe, car on fut sage et tempérent dans cette fête.

Le lendemain, jeudi 26 août, les Chevaliers tirèrent un prix entre douze choisis par leur Compagnie, six d'un côté et six de l'autre. MM. de Lons-le-Saunier ne réussirent pas, probablement parce qu'ils n'étoient pas faits au local, et qu'ils ne se servirent pas de leurs armes. A midi, on servit de nouveau la même table, garnie des mêmes convives, et vers les quatre heures d'après-midi, MM. de Lons-le-Saunier s'en retournèrent. MM. de Poligny les accompagnèrent jusqu'à Château-Châlon, où, à l'entrée du bourg, on avoit fait préparer sous un feuillage une halte galante pour se dire adieu. Laquelle fut suivie d'embrassades et de témoignages d'amitié distingués. Madame l'abbesse de Château-Châlon et toutes les dames voulurent être les témoins de cette fin de partie.

Le 24 août 1763, MM. les Chevaliers de Poligny ayant été invités par MM. de Lons-le-Saunier à un prix pour le 25, jour de St-Louis, sont partis de notre ville le 24 en bel ordre. La fête a été superbe, rien de plus brillant que la ville de Lons-le-Saunier en ces jours-ci. Les Chevaliers d'Orgelet ont été invités et se sont rendus à l'invitation. Nos MM. ont eu, comme de droit il leur appartient, le pas sur tous les autres; mais MM. de Lons-le-Saunier mieux logés et plus riches que les nôtres, se sont surpassés en magnificence et en dépense. Placée entre Poligny et Orgelet, leur ville a été choisie pour le rendez-vous des trois Chevaleries pour fraterniser, se donner un prix et se régaler à frais communs. Cependant, il m'est permis de le dire, il me semble que MM. de Poligny font trop que de se déplacer tous les ans.

En 1764, nos Chevaliers sont allés à Lons-le-Saunier, en conséquence des arrangements précédents, mais les frais ont été communs aux trois corps de Chevalerie. Les nôtres ne paroissent plus disposés à se rendre toujours à Lons-le-Saunier, mais à alterner.

Les jeux de l'arc, de l'arquebuse et autres qui étoient établis dans presque toutes les villes du Comté de Bourgogne, qui se célébroient solennellement et avec une certaine magnificence à certains jours de l'année, qui s'ouvroient par un exercice encore plus solennel, celui de tirer l'oiseau ou le papegay, étoient d'une belle et sage invention. Il semble que l'on avoit voulu imiter les jeux de la Grèce (1), et je vois

(1) Note en marge du MS. : Voyez sur les jeux de la Grèce, le Ve vol. de l'Origine des loix, des arts, etc., p. 456, 457 et suiv. — Les vues de sagesse et de politique dans l'institution de ces jeux, y sont très-bien développées et m'ont paru applicables aux établissements de nos jeux dans le Comté de Bourgogne.

que les instituteurs de ces exercices avoient eu non-seulement en vue de former les citoyens au maniement des armes, pour être en état de se défendre (notre province étant autrefois dans le cas de résister par ses propres forces à l'ennemi) ; mais que de sages vues de politique les avoient guidés dans ces sortes d'établissements. Les villes de la province rivales les unes des autres, les sujets d'une même ville souvent jaloux et envieux eux-mêmes envers leurs concitoyens avoient besoin d'amusements, d'exercices et de jeux qui les raprochassent, et de spectacles proportionnés à l'utilité et à l'entendement des peuples, et dont l'appareil extérieur les frappât. La gloire et les distinctions et non l'intérêt étoient le but que l'on se proposoit. On avoit trouvé l'art d'exciter une noble émulation entre les bourgeois pour s'acquérir de la grâce et de l'adresse dans le maniement et l'usage des armes. On fournissoit aux habitants d'une ville l'occasion de se réunir, d'entretenir entre eux une certaine égalité que l'on n'a que trop bannie. L'orgueil qui l'a chassée est la source de bien des haines et des divisions. Les grands jeux qui de temps à autres étoient assignés dans quelques bonnes villes et auxquels les autres villes voisines étoient invitées, donnoient lieu sans affectation à des liaisons entre ces villes, qui alors réunies, sembloient n'en former qu'une. La cordialité, l'hospitalité, la confraternité, les amusements, la gaieté, le brillant et l'apparat de la fête étoient l'âme de ces jeux solennels. Rien n'étoit plus propre à inspirer de la douceur, à mettre de l'aménité dans les caractères et à animer les sentiments d'honneur et de générosité.

On a manqué presque partout le but en retranchant les cérémonies brillantes qui accompagnoient ces exercices, en cessant d'inviter les villes voisines à se réunir quelquefois pour des jeux plus solennels, et en rétrécissant trop, comme l'on a fait à Poligny, l'entrée dans la Compagnie du jeu de l'arquebuse, ce qui la détruira infailliblement jusqu'à la racine. Il m'a toujours semblé qu'un bourgeois de bonnes mœurs, ayant de la politesse et une certaine éducation, et jouissant d'un certain revenu pour fournir aux dépenses de la Compagnie, sans incommoder sa famille, devroit, comme il en a le droit, y être admis.

MSS. de Chevalier (6e volume), 1 vol. in-fol. sur papier de 284 ff. : ff. 4 R° et V°, 141 R° et V°.

POLIGNY, IMP. DE MARESCHAL.

ERRATA

Page 3, ligne 18 : Et surtout *celles*.
Page 4, ligne 21 : *Leurs familles et leurs foyers*.
Page 6, ligne 17 : *Chalon*-sur-Saône.
— ligne 23 ; à Orgelet, *à Conliège*, à Bletterans, etc.
Page 12, ligne 6 : Longtemps on tira l'oiseau *sur deux des grosses tours de l'enceinte murale de la ville (tour de la Place, ou des Jacobins, et tour de l'Horloge)*. En dernier lieu....
Page 15, ligne 15 : tous *habitans*.
Page 16, ligne 25 : Etienne *Masson*.
Page 20, ligne 16 : contre *la municipalité*.
Page 31, ligne 9 : *des* gens.
— ligne 13 : *eut lieu à Poligny le tir*.....
Page 32, ligne 18 : *Chalon*-sur-Saône.
— note 5 : *Chalon*.
Page 36, ligne 31 : *recouvert*.
Page 42, note 2 : F, 48.
Page 44, note 4 : *Délibération*.
Page 45, note 4 : Joseph *Gillès*, Jérôme *Pérès*.

www.ingramcontent.com/pod-product-compliance
Lightning Source LLC
LaVergne TN
LVHW050451160826
845677LV00003B/739

* 9 7 8 2 3 2 9 6 7 0 1 8 8 *